银行情绪驱动下的
信贷与经济周期

丁尚宇 ◎著

Credit and Business Cycles Driven
by Banks' Sentiment

中国财经出版传媒集团
经济科学出版社
Economic Science Press

前　言

　　2008 年全球金融危机后，市场情绪和预期管理成为世界各国防范系统性金融风险和促进经济复苏发展的重要环节，也是学术研究的重要方向。近年来，中国金融体系改革不断推进，金融市场实现多元化发展。然而，间接融资仍然是中国实体经济资金来源的主要途径。随着中国利率市场化改革的深入，银行金融创新方式与工具愈加复杂，信贷供给规模迅速扩张，为银行情绪冲击信贷体系和经济稳定提供了作用空间。因此，加强银行情绪的监测与疏导，防范银行有限理性造成的负面影响，不仅可以有效遏制银行部门大规模风险累积和暴露，降低系统性金融风险向实体经济的负外部溢出，还有助于实现银行信贷资金有效服务于实体经济。

　　本书首先在综述银行情绪测度方法、影响因素以及银行情绪驱动信贷供给和经济周期作用机制现有研究的基础上，构造银行情绪经由信贷供给渠道冲击宏观经济的理论动态模型；其次合成中国的银行情绪指数，检验其形成机理，并对中国银行体系情绪影响经济周期的信贷供给传导机制进行实证检验；最后根据研究结论提出加强银行情绪监测，防范和化解银行情绪波动负面影响的具体政策建议。本书全面深入地研究了中国银行体系情绪的形成机理和对信贷供给与经济周期波动的影响，为加强银行情绪监管、防范银行情绪波动风险、提高货币政策有效性以及丰富宏观审慎管理工具提供经验支持。

　　当今世界经济金融形势日趋复杂动荡，国际银行业危机频发，硅谷银行、瑞信银行风波乍息，德意志银行风险若隐若现。2022 年国内银行业普遍承压，中小金融机构风险同样不容忽视。2008 年全球金融危机

15年后的今天，银行似乎再次成为可能引爆全球经济金融危机的点火器。我们不应浪费一场好的危机，在强化机构监管、行为监管、功能监管、穿透式监管、持续监管的金融强监管改革背景下，重温银行情绪在信贷和经济周期中的重要作用，深入剖析我国银行情绪波动曾经引发的风险和问题正当其时。

感谢宋玮楠对本书的贡献。

目录 Contents

第一章

导　论

第一节　研究背景与意义

长期以来，宏观经济学普遍认同经济周期由乐观和悲观情绪驱动。[①]对 2008 年全球经济危机的反思使得情绪研究再次成为宏观经济研究的热点。近年来，大量研究基于不同经济主体讨论了情绪对经济周期波动的驱动作用：消费者情绪能够通过影响家庭决策冲击经济稳定。一方面，消费者情绪能够通过影响家庭支出决策实现对消费和经济的驱动作用（Starr，2012）；另一方面，消费者情绪能够影响家庭储蓄和借贷行为，进而引发经济波动（Kłopocka，2016）。投资者情绪能够引发股票市场乃至金融体系波动，导致宏观经济不稳定。投资者情绪不仅影响股票市场回报率（Garcia，2013），而且能够通过影响资产价格对经济产出和就业产生持续驱动作用（Benhabib et al.，2016），有关研究测算投资者情绪变化能够对 30% 以上的美国经济周期波动加以解释（Nam & Wang，2019）。此外，企业家情绪能够左右企业投融资选择，通过供给渠道驱动经济波动（Malmendier & Tate，2005）。然而，虽然现有文献对情绪作为经济周期波动重要驱动因素的研究取得了丰硕成果，但是本质上普遍基于消费

[①]　这一观点最早可以追溯到凯恩斯（1937）在《通论》中提出的"动物精神"概念，具体指经济主体依靠自发的本能行为进行决策，而不是依据加权收益值和成功概率进行理性判断。

者情绪或市场投资者情绪视角，却鲜有研究单独讨论银行情绪在经济周期波动中扮演的角色。[①]

　　事实上，与其他经济部门相比，银行情绪通过信贷供给变化对经济周期波动的影响不容忽视。商业银行作为重要金融中介部门，承担着为企业和经济融通资金的重要职能。银行情绪变化对信贷供给的作用能够通过以下机制影响宏观经济稳定：当经济形势发生负向波动时，银行可能出现过度悲观情绪，为规避风险银行会提高贷款标准和贷款利率，减少贷款发放，这种过度信贷收缩导致企业外部融资成本上升，企业因资金融通困难减少生产，引发企业未来收益下降和抵押资产缩水，导致银行情绪更加悲观并进一步缩紧信贷，银行情绪变化触发金融加速器效应，最初的负向冲击被放大，进而引起经济衰退；而当经济形势向好时情形恰恰相反，银行投资收益增加，银行往往对未来经济过度乐观，因而放松贷款标准并降低利率，企业由于外部融资成本降低，会增加外部融资扩大生产，下一期生产扩大收益增多，企业抵押资产增值，银行情绪会更加乐观并扩大信贷规模，如此导致经济过热直至泡沫破裂引发经济危机。2008 年爆发的"次贷危机"就是最好的例证。危机前，资产证券化和短期债等银行产品创新及混业经营催生了美国次级抵押贷款市场的繁荣和房地产泡沫，随后，银行间短期流动性市场利率的提高成为次级债行业资金链断裂和信贷违约激增的导火索，恶化了信贷紧缩的范围和程度，进而加速了房地产价格崩塌（Brunnermeier, 2009；Diamond & Rajan, 2009）。危机不仅启示了我们重新理解信贷和银行机构的重要性，而且进一步挖掘危机发生的原因不难发现，危机触发和演化过程伴随着明显的情绪因素。理论分析和实践表明银行情绪以信贷供给为媒介对宏观经济具有重要冲击作用。

　　如果银行情绪对信贷供给和宏观经济的上述影响确实存在，那么这一影响在中国将更为突出。中国银行主导型金融体系为银行情绪的影响

---

　　① 如无特殊说明，本书的"银行"均指"商业银行"，并将商业银行整体视为一个经济主体。

力释放提供了空间。尽管中国金融结构已逐步由单一银行资产向市场化、多元化方向有条不紊地过渡，但间接融资仍然是社会融资的主要方式。银行部门作为中国社会融资的主要来源，不仅通过信贷资源的优化配置润滑实体经济，同时也作为货币政策的传导渠道对货币政策有效性产生一定影响。根据中国人民银行统计数据，2018 年银行业机构总资产占金融业机构总资产比例高达 91.4%。对实体经济发放的人民币贷款余额占同期社会融资规模存量的 67.1%。从人民币贷款余额占比变化可以看出，虽然间接融资规模占社会融资比例有所下降，但总体而言中国间接融资占比仍远远高于发达国家同期数据，银行对中国经济稳定与发展极为重要（见图 1-1）。因此，与其他主体情绪相比，中国银行部门情绪依托规模庞大的表内外信贷体系对经济波动的影响将更加显著。

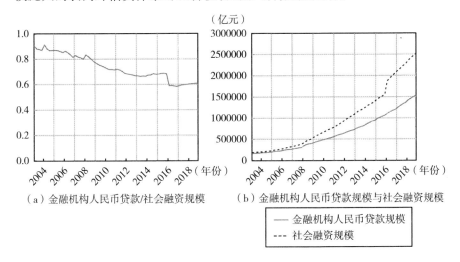

图 1-1 金融机构人民币贷款余额与社会融资规模存量

资料来源：中国人民银行官方网站。

虽然中国银行部门受到较为严格的政策监管，但银行情绪在银行体系内仍然具有较大作用空间。从表面上看，无论是作为服务于国民融资的核心渠道，还是作为货币政策传递的重要环节，银行体系都长期处于严格监管之中，尤其在全球金融危机后的加强监管背景下，以人民币贷款为主的银行表内业务受到了存贷比限制和逆周期资本缓冲要求等多重监管规则的约束，资产负债表内贷款规模增减的调整需要首先符合国家意志及监管要求，从而挤压了银行情绪施加影响的空间。但实际上银行可以通过两个途径突破上述限制，而不仅是监管或调控的"传达器"。首先，银行可以在贷款规模不变条件下通过调节贷款的结构和投向释放情绪，从而形成局部信贷波动（于震和丁尚宇，2019）。伴随着金融体制改革和银行业转型发展，中国银行业市场特征更加明显，不再以政府行政指令为经营导向，逐渐摆脱政绩目标凌驾于银行的利润目标之上的困境和约束。自主经营权的回归使银行情绪在经营决策过程中能够发挥更大的作用，具体通过银行信贷供给规模、贷款结构和投向以及风险资产配置等方面对信贷体系产生影响。其次，银行可以通过监管套利、空转套利和关联套利在规模庞大的表外信贷业务中实现情绪的影响。在自主经营背景下，商业银行为规避信贷规模限制，降低资本消耗和拨备监管等压力，大量开展通道业务和表外信贷渠道投资。根据《中国金融稳定报告（2018）》，银行业金融机构表外业务余额 302.11 万亿元，约为表内总资产规模的 1.2 倍，而这部分资产也是影子银行的主要构成（李文喆，2019）。这意味着在表内业务所反映的银行体系之外，还存在着另外一个与之并行、规模更大、由银行机构主导，且监管要求较低的信贷系统，为银行情绪的释放提供了足够的空间和出口。① 综上可见，以中国银行体系为研究对象，深入讨论银行情绪与信贷供给和经济周期的关系具有较强现实意义和得天独厚的研究背景。

对于银行情绪的深入讨论显然可以为加强宏观调控预期管理、提高货币政策有效性以及丰富宏观审慎管理工具等方面提供经验支持。充分理解银行情绪对宏观经济的作用机制和影响特征，具有以下重要意义：第一，有利于及时跟踪银行情绪变化，引导银行形成理性预期，提高中国经济预期管理能力。预期管理在美国等国家应对全球金融危机和经济复苏过程中发挥了积极作用。近年来，引入预期管理已经成为中国宏观调控方式的创新方向之一，国家"十三五"规划纲要要求"改善与市场的沟通，增强可预期性和透明度"，2018 年中央经济工作会议再次强调

---

① 2016 年之后，银监会等部门才陆续出台了一系列针对表外业务的管理办法。

"必须及时回应社会关切，有针对性主动引导市场预期"。重视银行情绪监测与引导，加强与银行部门的信息交流与沟通，不仅有利于通过对银行情绪的前瞻性引导从源头上平抑信贷周期波动，还有利于稳定和提振市场信心，提高央行预期管理效率。第二，有利于畅通货币政策传递渠道，提高货币政策有效性，增强信贷逆周期调控效果。以银行信贷为主要中介目标的传统货币政策传递渠道有效性下降且存在严重的滞后性。而银行情绪作为银行体系运行中的前瞻性内部信号，将其作为货币政策调控的参考目标和调控中介，既可以削弱银行情绪对货币政策传递的负面影响，又有利于解决现有信贷货币数量调节的中间目标不合理和政策时滞问题，进而畅通货币政策传递渠道，提高货币政策有效性。第三，有利于为宏观审慎监管政策提供潜在工具，为防范和化解系统性金融风险提供助力。银行部门是中国系统性金融风险的主要来源，其风险防控对于维护金融体系稳定至关重要。鉴于银行情绪对信贷风险的突出影响力，将银行情绪纳入宏观审慎政策工具箱，不仅有助于判断银行自身对于内、外部冲击的吸收与调整，其变动趋势更是判断经济周期波动态势与实施宏观审慎管理的关键指标和结合点。

第二节　研究对象与内涵界定

一、主要研究对象

本书主要研究以银行为主体的情绪变化，探究银行情绪波动的形成原因，以及其通过信贷供给对宏观经济产生的影响。情绪在心理学领域指个人对一种情况或事件的感觉、态度、想法或判断。情绪在经济学领域里保留了上述主观性特征，一般用来描述经济人基于现有信息对未来经济发展、投资回报和风险承担等问题形成的有限理性信念（Baker & Wurgler, 2007）。虽然有证据表明人们对经济状况的大多数看法符合理性预期假说，但在经济决策中主观心理因素的作用也不容忽视。以金融市场为例，即使在稳定的宏观经济条件下，乐观情绪仍能引发不可持续的信贷和资产价格暴涨，这暴露了经济主体和金融部门无法对信贷需求和相关风险做出恰当的评估（Borio & Shim，2007）。总之，经济学领域内的情绪是预期研究的扩展，是心理学和行为金融学研究的交叉领域，强调由于主观意志存在导致的预期偏差。

银行情绪指银行根据现有信息进行主观意志加工形成的有偏预期。具体可以分解为个体情绪形成和群体情绪汇集两个过程：首先，个体银行获取现有可得信息，以此为依据做出判断。然而由于个体的信息收集和加工能力有限，银行在不完全信息和不确定性影响下只能形成有偏预期，即个体银行情绪。① 其次，受到羊群效应影响，个体银行情绪会在银行体系内相互传染和放大，形成银行部门整体情绪波动。② 例如，皮恩等（Peón et al.，2015）证明银行部门内积极的银行会引导不存在认知偏误的银行形成羊群效应，罗斯里（Rötheli，2001）对银行信贷供给决策的研究表明银行之间的有限理性竞争可能导致一些银行试图超越其他银行，若其他银行拒绝落后则会导致羊群效应。可见，银行情绪的形成既包括相关经济信息的获取，也包含银行部门个体主观意志的相互作用。银行情绪对信贷周期和宏观经济的影响是本书关注的重点。

银行情绪可以视为银行个体情绪的集合和总体反映，通过多个层面对信贷供给和宏观经济产生影响。首先，银行情绪的微观基础是银行管理者情绪。商业银行作为一种特殊的金融企业，其管理者情绪指对银行未来经营获利和财务前景的有限理性信念，能够对银行未来管理决策产生深远影响（Malmendier，2018）。受过度乐观或悲观情绪影响，银行管理者对未来的判断可能脱离现阶段掌握的信息（Hribar & Melessa，2017），对利好或负面消息过度解读（Daniel et al.，1998）。例如，在乐观情绪引导下，银行管理者可能高估利好情况，导致银行经营决策忽视负面消息

① 卡尼曼和特沃斯基（Tversky and Kahneman，1974）研究指出由于经济主体信息收集和加工的能力有限，因而对未来的预期存在认知偏差。
② 银行体系内情绪的相互影响主要指银行体系内的羊群效应。羊群效应指个体认知屈服于群体认知的从众心理会引发群体有限理性的狂热和崩溃。羊群效应在银行业表现尤为明显。

和风险，高估未来收益回报（Malmendier & Tate，2005；Cheng et al.，2014）。管理者情绪对银行未来经营决策的影响是银行情绪发挥作用的微观基础，银行管理者的特殊性使其情绪成为单个银行的特质情绪。

其次，银行特质情绪相互影响、叠加和放大，汇集成为银行体系和信贷市场的情绪波动。这一过程具体包含情绪传染和自我强化两方面作用。个体银行决策向其他银行传达自身的情绪与预期状况，银行体系内羊群效应发挥作用，银行体系内逐渐形成一致情绪，即情绪的传染过程。在此基础上，银行情绪变化引发信贷供给变化。这一效应会带动经济产出的同向波动，引发情绪的自我实现机制①。例如，部分乐观银行降低贷款标准，扩大贷款规模，短期刺激经济向好发展，上述银行的乐观情绪被经济产出验证，更多银行随之预期乐观，进一步扩大信贷规模，导致银行情绪、信贷供给与宏观经济的同向增长。当然，这种扩张不是无限发展的，某一时刻过度乐观情绪会消退，随之而来的信贷紧缩会对经济造成巨大打击，内田和中川（Uchida & Nakagawa，2007）对日本银行业在经济衰退中发挥作用的研究验证了上述银行情绪的作用机制。

二、内涵的界定与区分

信贷周期波动有关研究中的情绪尚未形成统一的概念界定。在经济学领域，情绪的定义在经济人理性和非理性（或有限理性）的二元假设框架下有所差异。在经济人理性假设下，情绪是一种能够影响经济稳定与均衡且不受过去、现在和未来经济基本面影响的外生冲击（Angeletos & La'O，2013），其具有以下几方面特点：第一，情绪冲击与其他基本面冲击因素正交，即情绪与技术等基本信息无关（Fève & Guay，2019）。第二，情绪是预期中经济人无法通过学习模型解释的部分，表现为经济人的过度乐观（悲观）或自信等（Milani，2017）。第三，情绪是一种高阶

---

① 自我实现机制指乐观或者悲观的情绪会导致市场上正向或负向的产出，这进一步增强了此前经济人的情绪，形成情绪与市场表现和经济运行的同向循环。

信心，以经济中其他经济人的信心和行为形成基础（Angeletos & La'O，2013）。在经济人非理性（或有限理性）假设下，情绪主要指经济人对经济不确定性的一种主观信念，其本质上是心理性和社会性驱动因素的混合体，是经济人预期的主观成分（Greenwood et al.，2019）。可见，这两种概念的差异在于基于理性预期的情绪研究大多将其视为单纯的外生冲击，所以情绪的主观性难以纳入理性预期分析框架，而有限理性假设下情绪内涵更符合现实，也能够更全面地反映情绪起源，因而自然成为研究银行情绪与信贷周期的合理角度。银行情绪的有限理性意味着其中既包含主观意志成分，也包含基于经济信息的理性判断成分。前者在部分研究中也被称为"动物精神"（animal spirit），后者在有关研究中被称为"信心"（confidence）（Dequech，1999；Gomes & Sprott，2017）。

"动物精神"是银行情绪主观性的集中体现。具体而言，"动物精神"强调经济人非理性的决策判断意图（Chauvet & Guo，1999；Bafumi，2011）。"动物精神"概念最早由凯恩斯（1937）在《通论》中提出，指具有"老式资本主义"特征的企业家天生的能力、本能或性格，"动物精神"能够促进投资，影响经济。伴随行为经济学发展，有关研究运用心理学理论来理解现实中的"动物精神"。例如，迪恰克（Dequech，1999）认为"动物精神"与认知相互关系，具体指面对不确定性的自发乐观精神，不遵循逻辑上的理性和证据。阿克洛夫和席勒（2016）将"动物精神"概念进行扩展，指出"动物精神"是一种不稳定的思维模式，具有主观性和有限理性特点，容易受到各种环境因素影响，最终引发经济波动，并不是一种随机现象。银行情绪中的"动物精神"使银行对未来的预期和决策出现偏差。

银行情绪的另一重要组成部分是信心。区别于经济人的主观心理成分，通常用来反映个体根据可得信息对某个事物未来发展变化的理性逻辑判断，这一过程是经济人情绪形成的信息输入过程。银行作为专业金融机构，其情绪的微观个体是银行管理者和信贷审批员，与一般经济人相比具有更多专业知识和理性判断能力，因而对经济形势的判断更加精准，对经济偏热的情况尤为敏感（张成思和孙宇辰，2018）。这表明基于理性逻辑判断的信心是银行情绪的重要成分。总之,信心与动物精神相互作用,最终形成银行有限理性情绪。

此外,需要明确的是,这种对理性和非理性的划分是理论分析中的一种理想状态,旨在强调情绪的主观性。但就实践而言,尤其是基于实际情绪数据的有关研究,很难实现上述理性和非理性的明确区分。在情绪指数与信心指数选择和构建实践中,二者一般不进行明确区别,如密歇根情绪指数有时也被称为密歇根信心指数(Caglayan & Xu,2016;Angeletos & La'O,2013)。因此,本书认为银行情绪既包含基于经济基本面信息形成的理性信心成分,也包含经济人在不确定性和主观心理因素影响下的非理性成分,即银行情绪是受心理性和社会性等多种因素驱动的银行体系的有偏预期。

第三节 相关研究综述

一、情绪与经济周期的研究

(一)情绪研究的起源

经济学领域内的情绪是预期研究的扩展。预期作为市场不确定性条件下影响市场行为主体经济决策的基本要素,在宏观经济波动中所扮演的重要角色受到广泛认同,预期的宏观经济效应由于所蕴含的丰富政策内涵长期以来吸引了众多学者的研究兴趣。实际上,情绪在经济波动中扮演的重要角色在早期强调预期作用的经典文献中已有所提及。如《工业波动论》指出,过度乐观和悲观情绪会导致企业家对未来利润的预期错误,这些错误通过投资的涨跌产生循环(Pigou,1999)。相对于庇古(Pigou,1999)强调的投资渠道,凯恩斯(1937)在《通论》中认为预期在"动物精神"驱使下通过影响总供给和总需求最终引发经济波动。遗憾的是,尽管早期研究普遍认识到情绪通过影响预期对经济周期波动存在潜在影响，但很长一段时期宏观经济核心理论体系均以理性预期为基础，忽视经济人主观情绪的影响。

传统经济学在理性预期学派主导的研究范式下对此进行了大量讨论，[①] 理性预期被纳入多层面经济框架，成为联结微观、中观与宏观分析的纽带 (Nunes, 2010; Bachmann & Elstner, 2015; Fan et al., 2016)。有关文献从理性预期角度出发，运用多种数理方法和实证技术对预期驱动经济周期的渠道和机制逐渐进行了更加直观的验证。部分研究侧重于探究经济基本面信息如何驱动经济周期波动，检验了信息冲击通过影响行为主体预期，从而改变其投资、消费行为及工作决策，并最终导致宏观经济波动的作用机制。例如，博德里和波尔捷 (Beaudry & Portier, 2004) 创新性的在实际经济周期模型（RBC 模型）中刻画了全要素生产率（TFP）信息冲击所形成的经济周期扩张，并揭示了对于未来生产率的过度乐观预期如何通过改变行为主体消费和劳动供给导致经济衰退的机理，为后续研究提供了有益启发。而杰莫维奇和雷贝洛 (Jaimovich & Rebelo, 2009) 则构建了两部门 RBC 模型，更加细致地讨论了总体与部门联动对于 TFP 信息与预期冲击的反应机制。洛伦佐尼 (Lorenzoni, 2009) 通过构建一般动态均衡模型证明经济人对经济生产率的预期偏误是经济周期波动的一个重要来源。

上述研究推动预期理论的不断深入，在理性预期假设下为具有自我实现效应的情绪冲击理论发展提供了一定基础，但过于完美的市场假设使其无法对经济实际运行情况进行合理解释。学术界对理性预期假说的批判，以及心理学与行为金融学的进一步发展，使情绪在经济运行中的重要作用逐渐得到学者的关注。例如，卡尼曼和特沃斯基 (Kahneman & Tversky, 1979) 通过社会学和心理学实验证明，经济主体的信念形成机制并非完全理性，在不确定条件下的决策往往介于理性和冒险碰运气之间，

---

① 理性预期指个体对未来事件的预测能够根据经济理论和模型形成恰当的无偏预期，这一概念最早由穆斯（Muth, 1961）提出，此后，罗伯特·卢卡斯、托马斯·萨特金、尼尔·华莱士和罗伯特·巴罗等学者对理性预期的系列研究形成理性预期理论，上述学者也成为理性预期学派代表。理性预期理论的发展被称为"理性预期革命"。

对未来的预期存在情绪引起的认知偏误，所以经济人决策往往背离传统经济学中的偏好一致性和效用最大化假设，该研究据此提出了启发式信念形成机制。以上述研究为基础，经济主体认知偏差、信心和情绪等因素逐渐被引入宏观经济波动研究框架内，经济人主观心理因素通过预期自我实现机制对经济的影响成为研究重点（Azariadis，1981）。具体表现为当经济繁荣时，投资者情绪高涨并扩大投资，金融机构也更加偏好风险并扩大信贷规模，市场参与者普遍乐观，市场由理性繁荣逐步走向非理性繁荣，乐观情绪进一步刺激投资和消费，经济进入投资亢奋期，当高涨情绪达到顶点，一些意外事件的发生会终止资产价格上涨，随之而来的是市场普遍的恐慌和崩溃（Kindleberger，2017）。在 2008 年全球经济危机后，格林斯潘（2014）指出本次经济危机中非理性的狂热情绪和信心崩溃对宏观经济波动形成了巨大冲击，经济人情绪在经济活动中发挥着极为关键的作用，是经济危机的根源。

以经济人有限理性假设为基础，情绪转化的有关研究推动了情绪冲击理论的发展。例如，法默和郭（Farmer & Guo，1994）构建了由动物精神驱动总产出波动的非标准 RBC 模型，研究表明包含动物精神的模型能够更好地解释和模拟美国宏观经济波动。其后，相关研究沿着有限理性预期对宏观经济的作用机制进行了理论分析和实践检验。例如，欧塞皮和普雷斯顿（Eusepi & Preston，2011）开发了包含学习行为主体的预期驱动经济周期模型，结果显示行为主体对资本与工资未来收益的错误性乐观和悲观均可导致技术冲击被放大和传递。而米兰尼（2011）对上述机制进行了量化分析，结果表明有限理性情绪冲击是美国经济周期的主要驱动因素。近年来，对经济人预期中主观意志作用机理的关注使情绪研究成为学术界研究的重点，情绪与经济周期的研究成为预期理论发展的新方向。

（二）情绪与经济周期波动的研究

在预期理论的基础上，国外学者对情绪波动与经济周期的影响进行了丰富研究。遗憾的是，虽然众多学者在情绪的宏观经济效应这一命题上达成共识，但在具体影响和作用机制方面尚未形成较为完整的解释链条。事实上，情绪影响经济周期的路径依赖一定的中介渠道。具体而言，相对完整的传导机制为情绪波动通过影响经济人预期指导其决策行为，进而基于经济人身份差异对不同经济部门形成影响，最终这种个体效应汇集，通过不同传导渠道导致经济周期波动。情绪的早期研究更多关注上述渠道的前端环节，即以微观个体为基础分析情绪对个人、企业乃至某一市场的影响。

早期情绪研究大致分为"自下而上"的个体情绪和"自上而下"的群体情绪两类，主要论证情绪在个人决策和经济运行中的存在性。其中，"自下而上"的相关研究关注从企业决策个体出发，关注管理者的乐观情绪对企业经营管理的具体作用。例如，希顿（Heaton, 2002）分析了管理者情绪与企业投资的关系，研究表明管理者乐观情绪导致企业投资对现金流变动更敏感。而朗迪耶和泰斯马尔（Landier & Thesmar, 2008）通过验证企业管理者乐观情绪对金融契约的影响，证明管理者乐观情绪能够影响企业的债务融资决策，尤其是债务期限结构的选择。此外，海沃德和汉布里克（Hayward & Hambrick, 1997）从企业大型并购溢价角度证明了管理者过度乐观情绪对企业经营决策的影响。"自上而下"的研究关注群体情绪的影响情况，特别是投资者情绪的作用和影响。例如，贝克和乌尔格勒（Baker & Wurgler, 2006；2007）研究股票市场上投资者群体情绪对股票市场的冲击，选取股票市场多个波动指标合成整体市场情绪指标。

近年来，随着数理方法的进步，情绪对于宏观经济波动影响的研究也大量涌现。基于不同情绪波动来源，现有情绪的经济周期波动效应研究可以大致归纳为三类。

第一类研究强调情绪的自我实现效应对宏观经济的影响。根据这一观点，乐观情绪导致经济活动增加，这恰恰证实了最初的乐观情绪，从而导致情绪与经济的相互促进。最具代表性的是安吉利托斯和拉欧（Angeletos & La'O, 2008, 2010, 2013）通过对由于分散信息、不良沟通、噪声导致的情绪波动和经济周期系列研究形成的情绪冲击理论。安吉利托斯和拉欧（2013）指出情绪冲击源于市场参与者间存在相互依赖的贸易关系引发的不确定性，因而每个参与者都倾向于提前应对这种风险，这反而导致这种风险的自我实现。该研究表明情绪冲击最初只对小部分经济主体产生影响，但后来随着情绪在经济中的扩散，可能会集聚成较大的波动。然而经济的长期增长最终还是受到基本面因素约束，情绪引发的泡沫最终必然会破裂，经济也随着情绪的内生性变化形成周期波动。相关研究通过多种数理方法构建经济模型为情绪的自我实现机制提供证据。例如，哈里森和韦德（Harrison & Weder, 2006）利用动态随机一般均衡模型（DSGE）对经济危机中的经济人情绪进行研究，研究表明情绪波动是经济衰退的骤然发生的主要原因。安吉利托斯等（2018）构建受不确定性影响的情绪冲击模型，研究表明不确定性会触发市场参与者对未来经济形势的消极情绪，这种消极情绪引发就业、产出、消费和投资的同步下行。本哈比等（Benhabib et al. , 2015）运用基本面非确定性均衡随机自我实现模型证明，在不完全信息条件下，基于情绪波动的最优决策可以在没有外部冲击的情况下引发产生波动。博德里等（Beaudry et al. , 2011）通过符号限制方法将不受当前技术进步推动，也不受扩张性货币政策推动的乐观情绪波动分离出来进行分析，研究表明情绪波动能够解释50%以上的就业和产出波动，而且情绪波动与总要素生产率的长期波动有着密切的联系。该研究不但反映了情绪和信心的自我实现，还将情绪波动的原因与信息联系起来。

第二类研究以第一类研究为基础，强调情绪波动的源头是信息，将信息与情绪的自我实现机制相结合，使情绪波动传导机制的链条进一步延伸。这类研究认为，经济人获得能够对未来基本面产生积极影响的消息时，乐观情绪随之产生，而此时经济基本面可能并未发生积极变化，而且未来可能也不会发生好的变化。但在情绪自我实现机制的作用下，经济仍然会受到冲击。具体而言，当经济人获得的信息表明未来基本面变化能够促进投资时，市场就会出现一波由乐观情绪推动的繁荣。如果上述信息有效，市场预期得以实现，经济会持续繁荣。相反，如果经济人预期错误并且过于乐观，那么预期偏误就会引发经济崩溃。大量研究试图从理论和实践研究中，为上述机制提供证据。部分研究集中于寻找经验证据识别信息冲击，验证信息驱动下的情绪和预期最终引发经济周期波动。例如，博德里和卢克（Beaudry & Lucke，2010）运用协整结构向量自回归模型检验和估计了信息等冲击对经济波动的贡献，研究结论表明出乎意料的技术冲击对宏观经济的冲击较小，反而是对于技术的预期变化是经济的重要波动源。巴斯基和希姆斯（Barsky & Sims，2011）运用包含调整效用总体 TFP 和前瞻性变量的 VAR 模型对于信息与经济波动的研究得出了与上文类似的结论。此外，福尔尼等（Forni et al.，2014）利用结构因子增广向量自回归模型对信息冲击的影响进行了验证，研究表明有关 TFP 的信息冲击对宏观变量的影响基本上与标准理论预测的一致，即经济周期波动很大一部分可以用信息引发的情绪波动进行解释，这一部分经济周期波动与技术进步无关。另一部分研究则从理论分析出发，试图将信息冲击纳入传统动态模型中，探究经济周期中信息引发的情绪变化对宏观经济的冲击效应。例如，博德里和波尔捷（2007）将信息冲击纳入 RBC 模型。在此基础上，杰莫维奇（Jaimovich，2009）进一步构建了两部门 RBC 模型，该模型包含对产出信息敏感的可变资本利用率，提高经济人基于信息敏感性的投资调整成本和短期财富偏好水平，模型同时考虑了同期经济冲击和关于基本面的信息冲击，研究证明受信息影响的经济人情绪能够引发总体和部门的经济波动。

第三类研究放弃上述研究中的理性预期假设，强调经济人的主观心理因素，是情绪驱动经济波动研究的进一步发展。在有限理性假设下，受到主观认知偏误等心理因素的影响，经济人对未来的预期存在偏差，具有有限理性特点，并且与基本面的未来发展没有直接关系。相关强调经济人有限理性的研究大多将凯恩斯（1937）提出的"动物精神"概念作为这一思想的起源，认为人们在乐观决策时往往依靠积极的心态而非以逻辑和数理计算的期望。早期代表性研究为西蒙（1997）提出的有限理性预期理论，该理论认为由于信息不对称和市场摩擦，经济主体的预期和决策并不完全遵循规则和逻辑，还受到本能和直觉等主观心理因素影响，因此经济主体的决策并不能达到最优状态，而是一种自认最优的满意状态。这种有限理性情绪在金融部门内作用突出，金德尔伯格（2017）指出有限理性情绪的存在导致金融市场的繁荣与衰退，是金融危机的源头之一。阿克洛夫和希勒（Akerlof & Shiller，2010）对有限理性预期框架下情绪对经济的作用进行了总结：在有限理性预期假设下，经济人一般根据主观直觉来进行决策和判断。在经济繁荣时期，经济人对未来的经济发展保持乐观，对未来充满信心。乐观情绪促进投资和经济繁荣，情绪的自我实现机制进一步刺激市场情绪，导致经济中的泡沫集聚，然而一旦泡沫开始破裂，市场信心大幅下降，经济人情绪将从积极转化为消极，并且在羊群效应的影响下，悲观情绪会传染和蔓延。最后导致悲观情绪充斥整个市场，经济人会减少消费和投资，引发经济下行甚至是衰退。

可见，有限理性情绪传播依赖自我实现机制与传染机制的叠加。有关研究对这一过程进行了较为完整的理论分析和实证检验。例如，德·格劳威和马奇亚雷利（2015）构建了经济人认知偏差下宏观经济波动的理论模型，研究表明由于市场上经济主体认知能力有限，不能完全理解复杂的经济世界，经济主体决策受产出和通货膨胀异质性预期影响，经济主体积极或消极的内生情绪波动以及自我实现的预期变动会影响市场均衡，引发宏观经济波动，而且当市场中存在银行部门时，主观心理因素引发的经济波动被进一步放大。① 部分学者试图通过实证研究量化情绪对经济波动的影响。例如，米兰尼（2017）对基于学习能力限制的经济人情绪变化机制进行了模拟和量化分析，研究表明情绪变化与经济人个体投资决策行为密切相关，情绪冲击能够对40%以上的美国经济周期波动加以解释；南和王（Nam & Wang，2019）运用符号限制向量自回归模型测算的结果发现乐观和悲观情绪冲击能够对30%以上的美国经济周期进行解释。综上，在经济运行中，虽然情绪传导中介各有不同，但情绪的自我实现机制和传染扩散效应是情绪冲击宏观经济的基础，本书银行

---

① 该文献中市场异质性预期包括市场基要主义者和简单回顾者，前者对于产出和通货膨胀的预期仅源于均衡价值，后者则仅仅通过最近过去的观测量来进行判断和预期。

情绪也基于上述效应对宏观经济波动产生影响。

国内情绪研究起步较晚，对银行部门的关注不足。从现有情绪与经济周期波动的国外研究可以看出，对于经济周期波动尤其是经济危机起源的探索使情绪因素成为后危机时期学术界研究的热点和重点之一。大量研究基于传统经济学的理性预期或行为经济学的有限理性预期假设，在差异迥然的分析框架和方法论体系中，将情绪作为经济周期波动的重要驱动因素进行了较为丰富的研究。与之相比，国内对预期尤其是情绪的研究起步较晚。早期研究虽然以金融市场参与者情绪为主要对象，但一般从微观角度切入，将心理学、行为金融学与投资者决策相结合，主要研究目的在于解释股票市场的诸多有限理性行为，寻求资本市场"金融异象"[①] 的成因。例如，伍燕然和韩立岩（2007）运用投资者情绪分析了封闭式基金折价的过度波动之谜。也有研究关注情绪与股票市场泡沫的关系。例如，朱伟骅和张宗新（2008）研究表明在特定投资者结构下，中国股票市场泡沫程度及持续情况受到投资者情绪的显著影响。与之类似，王美今和孙建军（2004）研究发现投资者情绪是影响股票均衡价格的系统性因子，投资者情绪是中国股票市场收益的重要影响因素。此外，林树和俞乔（2010）进一步将心理学方法应用于研究中，模拟了经济人情绪对资产价格的作用机制，为情绪对投资决策的影响提供直接的心理学证据。随着大数据信息采集技术的发展，对于资本市场情绪的有关研究转向社交媒体情绪对于资本市场波动的影响（段江娇等，2017；杨晓兰等，2016）。

近年来，国内情绪研究的主体不断丰富，情绪对经济的影响得到多方面验证。国内学者通过定性分析的方式为情绪研究提供了研究基础。从情绪指数构建和数据获取入手，肖争艳和陈彦斌（2006）对市场情绪

---

① 金融异象一般是指金融市场中资产的实际收益偏离资本资产定价模型（CAPM）和有效市场假说（EMH）的现象。主要存在于三个层面上：一是在证券市场总体层面上的异象，如股票溢价之谜和股价过度波动之谜等；二是在上市公司个体层面上有代表性的异象，如规模优先效应、长期逆转现象、动量交易现象、盈利公告效应、红利之谜、股票回购现象和封闭式基金之谜等；三是在投资者行为层面上的几种异象，如投资分散化不足、过度交易和卖出决定之谜等。

指数构建的国际经验进行总结和梳理，比较分析各国相关调查与测度方法，为中国经济背景下的经济人信心、情绪的实证研究提供参考。从情绪的心理学与经济学理论研究入手，肖欣荣（2010）对动物精神理论发展和投资者认知规律、决策过程与群体行为的相关研究进行了梳理和理论分析。在此基础上，有研究将动物精神引入数理模型量化分析情绪冲击对宏观经济的影响。例如，陈彦斌和唐诗磊（2009）运用中国实际数据，将企业家信心分解为基本面信心与动物精神，研究动物精神对宏观经济的动态影响，结果表明动物精神对经济增长、通货膨胀和利率等宏观经济变量具有显著短期冲击效应。姜伟等（2011）进一步运用理论模型模拟分析消费者情绪对通货膨胀的影响，研究结果发现消费者情绪波动会显著冲击物价和消费水平，并且会对货币政策有效性产生影响。此外，相关研究还包括将预期冲击加入主流经济模型分析框架内，以探索情绪与信心的宏观经济影响机制。例如，庄子罐等（2012）通过建立一个包含预期冲击的 DSGE 模型，探讨了预期冲击影响宏观经济波动的作用机制，并利用贝叶斯（Bayes）方法估计了预期冲击对中国宏观经济波动的影响程度。估计结果表明：预期冲击是影响中国经济周期波动的主要因素，预期冲击大约可以解释70%左右的经济产出波动。庄子罐等（2014）进一步研究发现，技术冲击对短期经济波动具有良好的解释能力，大约能够解释经济产出波动的45%，但对中长期的经济波动的解释能力比较差，预期冲击正好相反，对短期经济波动的解释能力较弱，但可以解释大约50%的中长期经济产出波动。鉴于中国间接融资为主的特殊经济金融结构，本书试图进一步丰富国内情绪研究成果，以银行情绪为主要研究对象，从中观视角出发探索其依托信贷中介对宏观经济的影响。

二、银行情绪的测度方法研究

合理测度银行情绪是相关研究的重点和难点。银行情绪包含动物精神、信心和不确定性等心理因素和社会因素，强调是银行预期中受多种因素影响形成的主观信念成分，不仅反映了由于决策者特质形成的主观意志，也反映了由于外界因素变化经由决策者认知判断形成最终心理反馈，因而使用数量型指标直接测度是研究中的难点和重点。从学术研究层面来看，银行情绪的测度是进行实证研究的重要基石。一方面，选取合理的指标刻画和描述银行情绪波动，对于能否获得有意义的研究结论至关重要；另一方面，由于情绪的复杂性，不断探索银行情绪的合理度量方法与指标，从多角度深化对银行情绪的理解和认识，有利于进一步丰富银行情绪的理论内涵。从政策实践层面来看，银行情绪与信贷波动和宏观经济密切相关，是系统性金融风险的重要来源，探究合理的银行情绪测度指标有助于为信贷和经济波动提供有效预警指标。可见，合理测度银行情绪是深入研究的基础，也是保证研究学术价值和实践意义的关键所在。目前，相关研究主要基于银行情绪的特征和影响，寻求相对合理有效的衡量指标和测度方法。现有测度方法大致可以分为以下四类。

（一）基于调查问卷调查的直接银行情绪指标

直接银行情绪指标源于各国中央银行发布的银行调查问卷结果。目前美联储、加拿大央行、日本央行、欧洲央行、英格兰央行等先后建立了收集银行家主观信息的调查统计制度，即银行家问卷调查制度。其中，美联储 1964 年率先开展了银行信贷高级管理人员意见调查（Senior Loan Officer Opinion Survey，SLOOS），通过定性数据分析信贷需求、银行贷款标准和贷款意愿等问题。自 2003 年起欧洲央行也在欧元区统一实施银行信贷调查制度（Bank Lending Survey，BLS）。银行家问卷调查制度所提供的信息是银行高管基于自身职业判断所给出的专业性主观信息，是传统量化金融统计数据的重要补充，对于央行的经济金融形势判断起到了重要辅助作用，也为银行预期研究提供了数据支持。例如，戈顿和黑（Gorton & He，2008）、巴塞特等（Bassett et al.，2014）运用美联储发布的 SLOOS 数据，研究了信贷标准变化对信贷周期和宏观经济的作用机制。此外，契卡雷利等（Ciccarelli et al.，2015）利用 BLS 和 SLOOS 数据研究了银行情绪对货币政策变化的加速器效应。由于银行家调查问卷来源于银行家对未来经济形势和信贷决策意见方面的全面收集和汇总，因而在此基础上获得的银行家情绪天然具有前瞻性和主观性，更接近理论上对于情绪的定义。需要明确的是，银行家调查问卷结果是全国银行家预期调查结果的汇总，因此可以直接使用该指标的汇总数据"自下而上"地衡量银行业整体的情绪水平。

（二）基于信贷市场指标的银行情绪指标

最为普遍使用的信贷市场指标是信贷息差（credit spread）。例如，洛佩斯·萨利多等（López-Salido et al.，2017）选取垃圾债券到期收益率和国债到期收益率的差值作为信贷市场情绪指标用来解释和预测主要经济活动的变化。杜（Du，2017）将信贷息差指标加入 GVAR 模型分析了信贷情绪驱动下的信贷周期与经济波动。采用这种基于市场的银行情绪度量方式存在两个较大的概念问题：一是息差的覆盖范围较大，确切说该指标衡量了"信用市场"而不是"信贷市场"；二是银行只是信贷市场的供给者，因此无法在忽视信贷需求者情绪对指标形成贡献的情况下，单独用市场情绪代表银行情绪。

（三）基于主观心理因素的银行情绪指标

相关研究一般从情绪的主观心理影响因素入手，选取能够明确引起情绪变化的相关心理学指标作为银行情绪的间接代理指标。例如，阿加瓦尔等（Agarwal et al.，2012）选取了美国超级碗、世界系列赛、NBA 总决赛和斯坦利杯决赛等重要体育赛事、美国重要娱乐赛事偶像总决赛的结果以及美国主要国定假日，如感恩节、圣诞节等能够直接影响人们情绪的指标作为代理变量，检验了在信贷审批过程中情绪的影响。科尔特斯等（Cortés et al.，2016）利用日照与行为人情绪之间的稳健关联关系，选取了银行所在地每日阳光的状况作为情绪指标，研究了情绪波动对银行贷款审批人员日常信贷决策的影响。此类银行情绪代理指标具有完全正交于经济基本面的优点，但相关研究较为依赖于心理学基础，更适合情绪指标与考察群体结合紧密的情况，而且数据获得和取样难度较大。

（四）基于银行经营决策的银行情绪指标

这类研究将受银行情绪直接影响的银行经营决策变动作为情绪的代理指标。此类指标大致可以分为两大类：第一类认为银行管理者在情绪影响下的经济决策反映了所在银行的情绪变化。马尔门迪尔和泰特（Malmendier & Tate，2005）指出由于一个企业的 CEO 必须持有大量公司股票和期权，不能通过卖空公司股票来对冲风险，所以不愿承担风险的企业 CEO 会在可以行权时尽快将期权变现。然而，在乐观情绪引导下，企业 CEO 相信在自己的领导下公司的股价将继续上涨，从而推迟行权。大量研究遵循上述逻辑，将银行 CEO 持有本行股票情况和股权激励行权情况作为衡量其自信和乐观程度的情绪代理指标。例如，胡等（Hu et al.，2016）采用该指标的实证分析发现，"次贷危机"期间俄罗斯银行 CEO 的过度自信情绪导致贷款标准降低，银行杠杆率升高，危机中具有过度自信倾向的 CEO 所在银行的不良贷款率更高，股票收益率下跌更显著。与之相似，黄等（Huang et al.，2018）运用同样的指标衡量所在银行的乐观程度。此类指标更适合上市银行，而且上市银行还需要执行股权激励的薪酬政策，这对于中国银行结构并不适用。第二类银行情绪指标选取认为受情绪影响的银行投融资、贷款供给等方面的决策调整能够作为银行情绪的代理指标。例如，西利波等（Silipo et al.，2017）以银行资产负债表为基础，探究过度乐观的多种表现，该研究认为更乐观的银行不仅持有更少的贷款损失拨备和贷款损失储备，还会投资更多的长期资产和短期负债，并且会扩大贷款、杠杆率和总资产，所以该研究选取贷款损失拨备/总贷款额、贷款损失准备金/总贷款额、贷款总额变化率、杠杆率变化率、总资产变化率等多个指标衡量银行过度乐观情绪。然而该类指标能够直接反映出情绪对信贷市场的作用结果，但是损失了情绪的前瞻性特征，而且利用此类指标进行宏观经济研究时往往通过信贷周期变化来分析银行情绪的作用情况，导致研究结果精确性有待商榷。

上述测度方法，各有优点，也存在一定不足，为银行情绪测度提供了重要参考，同时情绪数理指标的选择还具体考虑了指标优点、适应性和数据可得性。

三、银行情绪的影响因素研究

银行情绪是银行根据可获得信息，在不确定性作用下形成的有偏预期。情绪是经济人基于现有信息的未来决策意图的综合反映，汇集了与之相关的其他市场变量信息（Vaquero et al.，2019）。总结现有文献，情绪波动以经济基本面信息为基础，受到主观心理因素的作用。具体而言，银行根据经济基本面信息和经济政策变动形成理性预期。上述理性预期受到经济不确定性尤其是政策不确定性的影响，最终成为有限理性的情绪波动。本章从影响银行情绪的货币政策因素、经济政策不确定性因素和经济基本面因素三方面进行梳理和分析。

（一）货币政策因素

货币政策变化对情绪具有显著影响。有关研究表明货币政策作为资本市场投资者密切关注的政策变量，货币政策变化会显著影响投资者情绪（Galariotis et al.，2018）。货币政策变化对投资者情绪的影响存在以下可能：一方面，货币政策变化能够引导和调控情绪变化，但是情绪的主观性可能导致经济人过度反应，放大调控效果。例如，库罗夫（Kurov，2010）研究发现投资者对货币政策有较高的敏感性，因此货币政策变化很容易引发投资者情绪的过度乐观或悲观，从而引发股票市场动荡。另一方面，当情绪处于极端状态时，货币政策变动调控机制失灵，货币政策变动可能导致情绪的意外变化。例如，鲁茨（Lutz，2018）的研究发现，在正常利率水平下，美国联邦利率的突然下调会导致投资者情绪的高涨。国内对市场情绪的研究也得出类似结论。例如，陈其安和雷小燕（2017）对中国货币政策的投资者情绪传导机制的研究表明，投资者情绪削弱了货币政策对股票市场波动的调控效果，进而使得股票市场对货币政策的实际反应与调控目标出现较大偏差。也有研究关注引导市场情绪，提高货币政策有效性。例如，张前程和龚刚（2016）研究投资者情绪在货币政策与企业风险承担之间的中介效应。李稻葵等（2009）研究发现，货币政策和市场情绪变动会对资产价格产生影响。该研究从对冲市场情绪的角度出发，探讨了在资产价格过分波动的情况下，以保持产出稳定为部分目标的货币政策应该如何对冲市场不理性情绪。毋庸置疑，货币政策变化能够引起资本市场参与者情绪的变化，但聚焦信贷体系，对货币政策与银行情绪的相关研究还有待丰富。

根据上述研究可以合理推断货币政策变动是银行情绪变化的重要来源。商业银行作为金融体系的重要组成部分，不仅是服务国民资金融通的中介机构，同时也是国家货币政策调控的中间目标。对银行而言，货币政策变动是银行形成预期和经营决策的重要参考对象。大量研究证明货币政策变动对银行经营决策尤其是风险承担具有明显影响。例如，德利斯和科雷特（Delis & Kouretas，2011）对欧盟银行体系的研究表明，扩张性货币政策会使银行显著提高风险承担水平。此外，戴尔和马科斯（Dell & Marquez，2017）运用美国数据测度了货币政策变化对银行体系风险承担行为的影响，研究表明短期利率下调会让银行对于风险更加谨慎，利率下降一个标准差，银行对新申请贷款项目的风险评级会比标准状态上升0.3。张雪兰和何德旭（2012）、金鹏辉等（2014）运用中国数据也得出类似结论。银行决策尤其是风险承担水平的选择与情绪密切相关，上述研究表明货币政策对银行情绪具有以下潜在影响：宽松货币政策会引发银行情绪乐观积极，从而导致银行忽视风险，扩张贷款规模；紧缩货币政策会引发银行情绪消极悲观，从而导致银行为防范风险收缩贷款规模。此外，受银行情绪有限理性影响，货币政策变动可能会引发银行情绪的过度反应，产生银行情绪对货币政策调控效果的放大效应。例如，契卡雷利等（2015）研究发现货币政策变动经由银行贷款态度触发金融加速器效应。该研究不仅为银行情绪受货币政策影响提供了直接证据，同时表明银行情绪对货币政策传递的重要作用。考虑到中国的银行受到较为严格的监管和调控，货币政策变动可能是银行情绪形成的重要影响因素之一。

（二）经济政策不确定性因素

经济政策不确定性对银行情绪波动也存在显著影响。不确定性是经济人产生有限理性情绪的根源。经济政策不确定性是经济人在经济活动时遇到的最具代表性的不确定性。经济政策不确定性主要指经济人对于政府政策不能进行正确预知并采取应对措施而形成的风险。贝克等（2016）指出经济政策不确定性源于政策具体调节内容、是否执行以及如何执行等政策调整过程。当经济政策不确定性增加时，市场参与者接收到的信息不完全，那么在有限认知能力下经济人会由于风险厌恶而产生悲观情绪，家庭、企业、政策制定者和金融中介机构的情绪和决策都因此受到影响（Van Aarle & Moons，2017；Jin et al.，2016）。

银行信贷作为各国经济政策调控的重要渠道，受到较为严格的政策指导、调控和监管。对经济政策的依赖性和敏感性导致银行情绪受经济政策不确定性影响更为明显。有关研究证明了经济政策不确定性对银行信贷决策的显著作用，反映出银行情绪受经济政策不确定性的潜在影响。例如，从信贷规模角度，博尔多等（Bordo et al.，2016）运用商业银行数据证明了政策不确定性对银行信贷增长和贷款供给具有显著的负向影响，该研究结合银行信贷与宏观经济的相关研究证实了高度的经济政策不确定性可能通过银行贷款渠道抑制整体信贷增长，这一路径被认为是减缓美国经济从大衰退中复苏的重要原因。从银行流动性角度，伯格等（Berger et al.，2018）研究表明政策不确定性能够影响商业银行表内表外流动性，政策不确定性增加导致银行流动性偏好增强，从而对实体经济产生不利影响，该研究还证明了经济政策不确定性仅通过银行贷款供求决策形成影响，与消费等其他渠道无关。此外，伊斯勒等（Gissler et al.，2016）关于监管政策不确定性对商业银行影响的研究也得出了一致结论：监管的不确定性越大，银行贷款规模降幅越大。经济政策不确定对贷款供给、流动性偏好和贷款审批等的影响都在一定程度上反映了经济政策不确定性作用于银行情绪，并最终通过银行决策表现出来。综上所述，经济政策不确定性是银行情绪的又一重要影响因素。

（三）经济基本面因素

经济基本面因素是经济人形成情绪的主要信息来源，情绪的主观性体现在由于不完全信心导致的对经济基本面信息的有限获取、理解和加工。因而大量涉及经济人情绪理性成分，或者说信心成分的研究，将经济基本面因素作为经济人情绪变化的潜在影响因素。例如，拉马略（Ramalho et al.，2011）选取利率、产出、通胀和失业率等作为市场情绪的影响因素，证明利率、产出等因素都会对消费者信心有不同程度的影响。与上述研究思路类似，在对动物精神的研究中，常常通过与经济基本面因素正交来提取其中的主观成分。例如，陈彦斌和唐诗磊（2009）指出消费者情绪中的理性成分与经济基本面因素相关，因而通过控制实际经济增长率、通货膨胀率、实际利率、上证综指等因素提取消费者情绪中的主观成分；麦克莱恩和赵（Mclean & Zhao，2013）运用与工业增长、消费品实际增长、服务消费、就业增长和经济周期衰退等回归后的残差来剔除消费者情绪中的理性成分，肖韦和郭（Chauvet & Guo，2003）和博德里和（2011）也通过构建情绪指标与基本面因素的结构向量自回归模型提取残差来衡量情绪中的非理性部分。可见，经济基本面因素是情绪理性部分的重要信息来源。

银行情绪的形成同样受到上述经济基本面因素的影响。例如，张成思和孙宇辰（2018）研究表明银行家信心对于宏观经济运行状况的判断比企业家更为精确，对经济偏热的情况尤为敏感，这意味着银行情绪变化在一定程度上源于经济基本面各因素的变化。商业银行作为重要金融中介机构，经济发展形势与商业银行信贷供给和风险承担均有极为密切的联系（Castro，2013；Buch et al.，2014），银行作为专业金融机构能对经济形势做出较为专业和理性的判断，因而银行情绪与预期的形成离不开经济基本面信息。

综上所述，根据现有研究可以总结出银行情绪形成过程中的主要影响因素。遗憾的是，对于银行情绪形成机制的相关研究尚未成体系，少有研究将其纳入统一的研究框架内，检验各影响因素对银行情绪波动形成的具体机制。本书选取现有研究中主要的银行情绪波动影响因素，检验各因素对银行情绪的作用情况，对比分析各因素对银行情绪的影响大小，同时通过不同因素的作用情况来验证银行情绪的有限理性程度。

四、银行情绪、信贷供给与经济周期作用机制研究

信贷波动对经济周期与经济危机的重要影响得到学术界的普遍认同，基于不同市场摩擦形成的信贷周期作用机制研究构成了传统信贷周期理论（Kiyotaki & Moore，1997；Gorton & He，2008；Lorenzoni，2009）。信贷资金无论是作为社会融资的重要来源还是货币政策传导的主要渠道，都直接或间接的影响宏观经济运行趋势，且逐渐独立于经济基本面因素成为现代经济危机的源头。2008～2009 年爆发的"次贷危机"就是最好的例证。危机不仅启示我们重新理解信贷和银行机构的重要性，而且进一步挖掘危机发生的原因不难发现，危机触发和演化过程伴随着明显的情绪因素。如果将银行视为信贷市场的普通投资者，其信贷发放决策同样会受到有限理性和行为偏差的影响，导致在过度乐观或过度悲观情绪下产生有限理性的信贷市场波动（Malmendier & Tate，2005；Baker et al.，2012；Rötheli，2012）。而如果将银行视为信贷资金的主要供给者，与所有影响信贷波动的金融市场投资者情绪相比，其情绪影响无疑会更加直接和强烈，也势必通过改变信贷供给和流动性创造作用于经济周期波动。

（一）理论模型分析视角

随着行为金融学理论的发展，大量研究以基于代理人的异质性模型为基础，围绕银行部门内生情绪和羊群效应，从管理者情绪出发沿着银行情绪波动、银行决策、信贷供给与经济周期波动传递的作用路径进行模型构建和分析，现有的理论模型分析视角主要有以下五种。

1. 银行有限经验决策模型

罗斯里（2012）从放松预期的完全理性角度入手，构建了银行因为有限经验而导致的有限理性决策行为模型。其中银行对于未来风险的预

期形成过程基于贝叶斯学习，但这种经验学习的跨度有限，因此银行只能形成有限理性预期而非完全理性预期。该研究刻画了在衰退期银行往往对未来贷款损失过于悲观，从而高估了信贷风险；在繁荣期又降低了对风险的估计，最终导致过度乐观情绪作用下的经济过热。该研究运用美国经济周期与银行贷款损失的具体数据进行校准，较好地模拟和测度了银行情绪波动与经济周期变化的传递方向和冲击大小。研究表明由于经验有限，银行一般在经济繁荣的初期高估未来违约损失，决策较为谨慎，但是会在繁荣期的中后期过度低估未来违约损失，决策激进忽视风险。该研究通过测度发现，银行在经济繁荣的 3～5 年内，会出现过度乐观情绪，降低违约风险定价，导致信贷规模和宏观经济的同向扩张；在衰退期间开始时银行则会迅速提高风险定价，收缩信贷规模，不仅导致信贷周期波动，也会冲击经济稳定。该研究为在情绪影响下银行在经济上升期间过度放贷并在衰退期间信贷紧缩的观点提供了证据。

2. 贷款网络内的情绪加速器模型

阿萨努马（Asanuma，2013）构建了银行与借款人组成的信贷网络内银行积极（消极）情绪影响经济产出的理论模型。该模型构造了银行与企业、企业与企业间的复杂网络。银行与企业间的借贷关系是模型中的直接联系，企业与企业之间通过银行存在间接联系，若银行财务状况变化，银行会无差别提高贷款利率，因此所有企业都被银行连接起来。该研究通过静态比较和动态模拟分析得出结论：银行情绪通过影响贷款利率对整个经济体系产生影响。乐观银行情绪在一定程度上有利于经济增长，但过度乐观（悲观）情绪会导致风险集聚和金融体系不稳定，对宏观经济产生负面影响。该研究证明了银行情绪是信贷周期和经济周期的波动源。此外，该研究还发现相同水平的外源性冲击受不同银行情绪态度作用，会对经济产出造成完全不同的影响，说明银行情绪能够传递和扭曲其他宏观经济冲击效应。

3. 异质银行部门情绪与决策模型

皮恩等（Peón et al.，2015）构建了受羊群效应和套利限制影响的零售信贷市场行为模型。从经济人行为偏差角度入手探究银行情绪如何催生信贷泡沫。该研究将信息效率纳入零售信贷市场，设定市场上两类银行均为理性银行、分别为理性和非理性银行以及均为非理性银行三种情况，研究银行有限理性情绪对信贷扩张的作用。探究信贷市场上具有羊群效应，并且存在套利限制情况时，银行的最优信贷策略选择问题。研究表明虽然经济中存在理性银行，但由于套利限制，理性银行不会纠正其他信念和行为偏差银行（如乐观银行）的错误信贷资金配置，因此乐观银行不但引领信贷市场扩张，还通过羊群效应影响理性银行的决策，最终导致整个银行体系情绪乐观，最终催生信贷泡沫，埋下经济危机的种子。

4. 银行间情绪波动与传染模型

恰雷利亚等（2015）构建了在羊群效应作用下的银行间情绪动态变化模型。该模型将实体经济产出纳入分析框架内，探究银行情绪波动对经济产出的影响。该研究表明银行间情绪转化与意见传染能够引发银行信贷决策调整，是信贷周期波动的源头。这种银行情绪波动进一步以信贷周期为中介传导给实体经济，形成经济周期波动。具体而言，经济繁荣阶段触发了银行的乐观情绪，乐观情绪的传染导致银行部门整体的信贷扩张，因而进一步推高信贷泡沫；最终由于债务过度积累导致信贷泡沫破裂，形成信贷周期波动。该研究通过动态模拟证明了，银行情绪转化和羊群效应能够破坏经济稳定，银行情绪转化导致的银行贷款供给水平变化能够引发经济波动，而羊群效应的引入进一步加剧经济不稳定，对经济波动产生放大效应。

5. 诊断预期驱动模型

波达洛等（Bordalo et al.，2018）构建了诊断预期下经济人对未来经济形势的代表性偏差与信贷周期波动的宏观经济模型。该模型刻画了经济人的代表性偏差会导致市场主体忽略风险，这一特征能够解释信贷市场和宏观经济的变化。模型中经济人的诊断预期以特沃斯基和卡尼曼（Tversky & Kahneman，1879）提出的代表性启发为依据，将诊断预期的特征纳入信贷市场均衡分析。研究表明预期形成规则具有前瞻性，依赖于潜在的随机过程，因此不受卢卡斯批判的影响。经济人根据代表性判断忽略风险形成诊断预期，在这种预期误差的影响下信贷市场上会形成超越基本面因素的过度波动，这说明即使资本市场上不存在金融摩擦，诊断预期仍然是信贷市场波动的天然来源。此外，研究还发现预期偏误随时间变化会得到修正，这在一定程度上表明情绪能够在短期驱动信贷周期，情绪的影响在长期会逐渐减弱。

综上所述，已有理论研究从异质性银行情绪出发，运用不同模型刻画了银行部门内生情绪通过贷款策略影响信贷供给的作用机制。相关研究关注银行体系内的情绪波动、汇集和叠加，分析了银行情绪波动通过信贷渠道影响企业资金获得，最终冲击经济稳定的基本路径。并进一步将研究扩展到信贷市场，对于情绪中介变量也从信贷规模扩展到信贷价格。沿着上述研究路径，本书同样采用基于代理人异质性的模型构建方法刻画银行情绪波动，同时试图在模型中加入更多情绪驱动因素，进一步完善了一国经济体内银行情绪的宏观经济波动传递机制的理论模型。

（二）数理研究方法

在理论研究迅速发展的同时，大量研究以数理方法为基础，检验了银行情绪影响信贷供给以及银行情绪影响宏观经济的作用效果，为银行情绪作用机制理论研究提供了有力的经验支持。

1. 银行情绪影响信贷供给的微观经验证据

银行作为信贷市场的经营主体，其情绪变化可以通过影响信贷供给和流动性创造引发信贷波动，与所有影响信贷周期的金融市场参与者情绪相比，银行情绪最为直接也最为强烈。目前，银行情绪对信贷周期波动的重要影响因素存在丰富的实证证据。由于银行情绪可视为银行个体情绪的集合和总体反映，从银行内部人员入手，解析银行情绪波动导致信贷周期变化有丰富的微观基础。

首先，从信贷审批员角度来看，其情绪变化能够直接影响信贷审批和发放。例如，科尔特斯等（2016）研究表明情绪显著影响银行从业人员的风险承受能力和主观判断，信贷审批员乐观情绪与更宽松的信贷批准显著正相关，而信贷审批员悲观情绪带来的负面影响幅度显著大于乐观情绪所带来的正向影响幅度。此外，当金融决策需要更多工作人员、审查自动化程度降低以及资本约束相对较弱时，情绪的影响将更加显著。与之相似，阿加瓦尔等（2012）也为信贷审批员情绪的上述影响效果提供了经验支持。该研究表明，在信贷审批员积极情绪影响下，信贷审批通过率要比一般情况高出4.6%，而在消极情绪影响下，审批通过率则下降0.6%。而且研究还进一步证明，在市场情绪高涨时批准的额外贷款违约率更高，信贷审批员有更高自由裁决权的项目受情绪影响更大。

其次，从银行管理层，尤其是CEO角度来看，其乐观主义和过度自信等情绪能够影响银行的经营决策，最终反映在银行信贷决策与信贷供给上，具体可以归纳为以下几个方面。第一，银行CEO的乐观情绪会影响银行信贷投向和规模的选择。例如，马（Ma, 2015）的实证研究发现银行经营决策与CEO的个人信念密切相关。CEO的乐观情绪与繁荣时期银行资产中房地产贷款的增加呈正相关，与危机时期银行股票收益呈负相关，银行CEO的乐观情绪加剧了房地产市场信贷风险敞口和银行在危机期间的亏损。第二，银行CEO的乐观情绪会影响银行风险承担与信贷创造之间的权衡取舍。例如，黄等（2018）研究表明银行创造流动性的同时也承担相应风险，因此银行CEO会在决定前权衡收益与风险。该研究利用美国银行业1993～2014年的数据，对CEO乐观情绪与银行流动性创造之间的关系进行检验，结果显示CEO乐观情绪会鼓励银行创造流动性，尤其在银行业危机期间。第三，银行CEO的过度自信会直接影响银行投资和信贷决策，有关研究证明银行CEO的过度自信导致其决策过程中容易过高估计投资收益，低估或忽略可能的风险，采取扩大贷款规模、放松贷款标准和提高杠杆率的激进策略（Malmendier and Tate, 2010；Gervais et al. , 2011；Ho et al. , 2016）。

2. 银行情绪通过信贷供给影响宏观经济的经验证据

首先，从宏观层面看，银行情绪能够通过不同金融部门间相互传染，在市场间产生溢出效应，影响经济稳定（Baker et al. , 2012）。受银行间高度关联性和应对风险的决策一致性影响，羊群效应在银行体系内表现更为明显。银行情绪相互影响、传染和叠加形成的信贷市场情绪伴随剧烈信贷周期波动，会对金融市场和宏观经济形成较一般市场情绪更为强烈的冲击，因此信贷市场情绪容易演化为系统性风险。例如，乌奇达和中川（2007，2011）以 20 世纪 80 年代和 90 年代日本经济泡沫与经济危机为背景，对上述机制进行了实证检验，研究表明低效率的羊群效应显著影响银行向新借款人的贷款决策。90 年代日本经济危机前，日本城市商业银行存在大量过度乐观情绪引发的羊群效应，各家银行为抢占市场份额而放松审批标准，盲目扩大贷款规模，信贷泡沫大量累积最终引发数年后的大规模信贷违约，信贷市场迅速恶化，信贷规模大幅收缩导致日本经济的长期低迷。

其次，银行情绪经由不同中介目标通过自我实现机制对宏观经济形成冲击，例如，哈里森和韦德（2013）将银行情绪与抵押品尤其是土地价格联系起来，证明了积极情绪推动土地价格飙升，信贷约束放松，借款金额与可抵押土地的价格成比例上升，而这一过程会引发市场积极情绪的反馈，促进企业扩大生产，但土地价格疯涨和信贷泡沫不具有长期可持续性，因而伴随信贷周期下行宏观经济随之萎缩。亚科维耶洛（2015）也从抵押品价值变化角度出发探究了银行信贷发放过程中的情绪转化，得出与之类似的结论：若银行预期经济前景恶化，那么即使在信贷繁荣期，银行发放信贷时也会变得更加严格并遵循更高的贷款标准，甚至会找理由拒绝发放或者减少贷款发放，在稳定状态下埋下经济危机的种子。

此外，银行情绪不仅能影响一国经济稳定，还具有国际溢出效应。例如，洛佩斯·萨利多等（2017）研究表明银行情绪对未来实际经济活动，如实际 GDP、实际企业固定投资和失业等方面具有较强解释力，情绪不仅影响信贷供给还能通过对未来企业融资需求的影响引起经济波动。杜（2017）在此基础上证明银行情绪驱动的信贷供给冲击具有显著的跨国传递效应，该研究检验了美国信贷市场情绪对 G7 集团国家和扩展后的 186 个国家和地区 GDP 的影响情况，研究结果表明美国银行情绪对其他地区经济发展具有负面影响，与美国经济联系越密切的，受其影响越大。

综上所述，国外银行情绪研究成果丰富，为银行情绪经由信贷中介渠道对宏观经济的冲击效应提供了丰富的实证证据。国内银行情绪研究方兴未艾，本书试图验证我国银行情绪是否同国外银行情绪一样能够通过信贷中介渠道发挥作用，探究中国商业银行特殊的发展改革路径下，银行情绪的作用机制是否存在特殊性。

五、小结

本节从情绪与经济周期作用机制、银行情绪测度方法、银行情绪影响因素和银行情绪、信贷供给与经济周期作用机制四个方面对现有研究进行了总结梳理。银行情绪研究具有丰富的理论和实践基础，相关研究不仅具有重要学术价值，而且具有较强的实践指导意义。本书以现有研究为参考，试图对银行情绪研究进行深入挖掘，补全银行情绪作用机制研究链条，为中国银行体系内情绪存在和作用情况提供证据，进一步丰富国内情绪研究成果。

情绪以预期研究为基础，相关成果丰富，但缺乏基于中观视角的银行主体研究。现有情绪研究基于传统经济学的理性预期或行为经济学的有限理性预期假设，相关研究成果丰富。情绪通过自我实现机制对金融市场和宏观经济的驱动作用也得到学术界的普遍认同。但不难发现已有研究存在的两个特点和不足：第一，相关研究放松了宏观经济理论框架内的理性预期假设，侧重于将有限理性情绪与投资、消费和产出等传统经济波动变量相结合，探究情绪的经济波动效应。但这类研究立足宏观视角，较少将市场参与者尤其是金融部门主体作为研究对象加入宏观经济波动研究中；第二，部分研究虽然以金融市场参与者情绪为主要研究对象，但对于经济主体情绪的讨论集中于投资者情绪在股票市场上的意外表现和特殊作用。

情绪的主观性使其合理测度存在难度，现有研究主要基于银行情绪的特征和影响，运用多种方法对其进行测度。不同测度方法各有优势，也存在一定不足。基于调查问卷的情绪指标能够更好地反映情绪的主观因素特点，但数据获取较为依赖央行具体采用的调查方法和发布频次。采用信贷息差作为信贷情绪代理指标更容易获得数据，适合研究信贷市场与其他金融市场乃至整体经济的情绪溢出效应，但不能揭示信贷部门内的情绪形成与传染机制。基于心理因素的间接情绪指标普遍存在指标选择敏感性问题，获得统一口径代理指标的难度较大，一般只能立足某一心理学研究成果证明银行情绪的存在性和微观信贷作用情况，很难将其作为代理指标引入经济周期波动的宏观分析框架。基于银行经营决策的指标同样存在不足，银行 CEO 期权行权决策不符合中国金融市场实际情况，而银行资产负债表指标虽然数据可得性强但不具有银行情绪前瞻性。为满足银行情绪的有限理性特点，同时受数据可得性限制，本书采取中国人民银行发布的《银行家问卷调查报告》结果构造银行情绪指数，以银行部门对宏观经济形势、政策调控和银行业发展的判断、信心和感受为基础提取一致的情绪成分，满足了银行情绪主观性、前瞻性和综合性的要求。

现有银行情绪研究框架内，系统的银行情绪影响因素研究和检验较为匮乏。具体而言：第一，银行情绪的影响因素研究并未得到重视。虽然有关情绪以及银行信贷周期相关研究已取得了一定成果，但大多数研究仅简单提及情绪波动产生的原因。这导致银行情绪、信贷周期与宏观经济波动的研究链条缺少了重要一环。第二，有关研究还存在着情绪影响因素与情绪本身界限模糊，相互指代的问题。产生上述研究问题的原因在于，情绪是一个刻画经济人主观心理状态的概念，无论是情绪本身还是情绪的影响因素在研究中选取合理指标进行刻画十分困难，因而为了简化研究过程，大量经济学研究有意或无意地忽略了对于情绪起源的探索，从而导致银行情绪影响因素的相关研究尚未形成体系。本书梳理和总结现有研究中情绪的影响因素，在其基础上分析和讨论各种因素影响银行情绪的可能性，以期进一步丰富银行情绪、信贷供给和经济周期波动的研究成果。

银行情绪、信贷供给与经济周期的作用机制在理论模型构建与数理方法验证方面具有较为丰富的证据。理论模型以银行部门内生情绪为波动源，通过划分银行异质性来刻画情绪的变化特点，证明了银行情绪波动通过信贷渠道影响企业资金获得，最终冲击经济稳定的基本路径。这为深入研究银行部门乃至信贷市场投融资行为，尤其是过度投资和过度负债现象对信贷周期乃至宏观经济的作用机制打下基础，也为进一步研究银行部门与其他部门间的情绪传递开辟了道路。在理论研究迅速发展的同时，大量研究以数理方法为基础，为银行部门内以及信贷市场上情绪对信贷波动和宏观经济的具体影响提供了有力的经验支持。有关研究证明了一国经济体内银行情绪的变化既是信贷周期的形成原因，也是信贷周期波动的重要表现。银行情绪从信贷审批到银行经营决策和信贷市场价量变化等多层面作用于信贷周期，直接或间接冲击宏观经济，不仅能够影响国家经济稳定，而且能对其他国家形成溢出效应。可见，银行情绪波动既是影响经济发展稳定的重要因素，是系统性风险的重要来源，也是应加强宏观审慎监管和政策调控的主要对象。

当前国内外银行情绪、信贷供给和经济周期波动的有关研究仍存在以下问题：第一，现有研究中情绪起源环节有待填补。现有研究对情绪波动形成过程尚未达成一致，因而银行情绪变化对信贷周期乃至经济波动传导机制的研究未能将银行情绪波动的形成过程纳入研究体系。为此，本书通过梳理概括现有研究中银行情绪波动的驱动因素，将银行情绪波动形成过程纳入研究框架，补齐现有研究中忽略情绪波动源的问题，试图更为全面地理清银行情绪波动形成和对信贷、经济周期的作用机理。第二，国内情绪研究有待丰富，对于银行情绪的关注较少。国内情绪研究起步较晚，对于不同类型投资者情绪以及企业管理者情绪等有广泛讨论，但鲜见以银行为主要研究对象，探索中国特殊金融结构背景下银行情绪对宏观经济影响机制的普遍性和特殊性的研究。本书分析中国金融体制改革和利率市场化不断深化背景下，商业银行作为特殊金融机构，其主观意志和情绪对表内外信贷乃至宏观经济的波动效应，试图打破当前学术界认为处于严格监管下的中国银行体系没有情绪释放的空间和能力的惯性思维。

第四节　研究思路、方法与内容

一、研究思路

按照"银行情绪、信贷供给与经济周期的波动传导机制理论分析→中国的银行情绪测度→银行情绪波动的影响因素检验→银行情绪影响信贷供给的实证研究→银行情绪影响经济周期的信贷供给传导机制实证研究→银行情绪异质性的经济周期波动效应实证研究"的逻辑思路展开研究。第一，本书对一国经济体内银行情绪变化以信贷供给为中介的经济周期波动传递机制进行理论分析和动态模拟。第二，本书选取中国人民银行发布的《银行家问卷调查报告》结果，运用主成分分析法合成中国银行体系情绪指数。随后对我国银行情绪指数的周期波动与区制转换特征进行分析。该指数是本书后续开展实证研究的基础。第三，本书以现有文献中对银行情绪波动影响因素的研究为参考，结合中国实际情况，分析银行情绪理性和有限理性的形成原因，探索合理有效的银行情绪波动调控政策和工具。第四，运用数理方法对中国的银行情绪与信贷供给变化的关联性、银行情绪对宏观经济冲击的信贷中介效应以及银行情绪对宏观经济的非对称作用机制进行实证检验。第五，对本书研究进行总结和展望，根据银行情绪的形成原因、银行情绪风险传导机制的研究结果，提出引导和调控银行情绪的政策建议。

二、研究框架

本书一共分为八章，每一章主要包括以下内容。

第一章为导论。本章主要介绍了本书的研究背景与意义。此外，还在该部分对本书主要研究对象及相关概念进行了阐述。同时对情绪的经济周期作用机制、银行情绪测度与影响因素、银行情绪与信贷供给、经济周期作用机制的理论与实证研究等方面的文献进行了总结和梳理,对现有文献的发展脉络、主要共识与缺陷进行论述。最后,以此为基础提出本书的研究思路、研究方法、研究对象、主要研究内容与创新点等方面的内容。

第二章为银行情绪影响经济周期的信贷供给传导机制分析与模拟。本章分析模拟了一国经济体系内银行情绪在羊群效应作用下调整信贷决策,引发信贷波动和经济产出不稳定的动态过程。对银行体系内个体银行情绪相互传染引发银行体系情绪波动的微观过程进行理论模型分析和动态模拟,为本书后续研究提供理论支持。

第三章为银行情绪指数的构建与分析。首先,介绍银行情绪指数的原始数据的来源——《银行家问卷调查报告》,随后阐述本书原始指标选取方法。其次,对银行情绪指数构造方法进行阐述。具体步骤为:第一,考虑到不同原始指标存在信息传递时间差异,本书对银行情绪原始指标进行当期与滞后期选择,时期选择方法参考 BW 指数。第二,本书运用主成分分析法(principal component analysis,PCA)构造银行情绪指数。利用合成的银行情绪指数,本书对中国的银行情绪指数的周期波动和区制转换特征进行研究,并对银行情绪变化对应的经济政策背景进行简要分析。

第四章为银行情绪影响因素的实证检验。根据前面对现有银行情绪影响因素研究的梳理和总结,结合中国经济发展、货币政策调控和经济政策不确定性等因素在经济危机后的演变情况。本章分析和检验了上述因素对银行情绪的影响情况。首先,构建多元线性回归模型和分位数回归模型,检验中国经济发展、货币政策调控和经济政策不确定性对银行情绪是否存在影响,分析不同情绪水平下,上述因素的影响机制。其次,运用混频格兰杰因果检验方法验证上述因素对银行情绪是否具有短期和长期影响,验证影响的持续性。最后,运用相关性和低频格兰杰因果检验方法对本章研究结果进行稳健性分析。

第五章为银行情绪影响信贷供给波动的实证检验。本章运用前文构造的银行情绪指数衡量银行情绪,从银行总体信贷供给和微观信贷决策两个层面着手，采用动—静态同步性方法和交叉谱分析方法，考察了银行情绪指数与各个信贷周期波动指标的同步性和"领先—滞后"关系，以此为基础分析了银行情绪对信贷体系和信贷供给波动的重要影响。

第六章为银行情绪影响经济周期的信贷供给传导机制的实证检验。本章采用合成的银行情绪指数构建了以表内外信贷供给为中介渠道的反事实结构向量自回归模型（Counterfactual SVAR），对银行情绪通过表内外信贷供给对宏观经济的波动传递效应进行了检验。

第七章为银行情绪异质性的经济周期波动效应检验。本章运用银行情绪指数和在此基础上计算的银行情绪指数"缺口"分别衡量银行情绪的不同状态和理性程度，将两个指标作为门限变量加入门限向量自回归模型（TVAR）模型中，构建银行情绪（银行情绪缺口）、表内信贷供给、表外信贷供给和宏观经济波动的 TVAR 模型，利用广义脉冲响应函数考察了异质性情绪作用下，中国的银行情绪和表内外信贷供给对经济波动的非对称影响。

第八章为主要结论与建议。首先，对本书主要研究内容与结论进行总结和归纳。其次，根据上述研究结论，本书从加强货币政策调控和前瞻性引导、加强银行体系监管、规范银行从业人员行为和进一步完善银行家调查制度四个方面提出具体政策建议。以期多措并举，减少信贷周期波动中银行情绪的作用，控制和消减情绪的负面影响，防范系统性金融风险，维护金融稳定和经济发展。

第二章

银行情绪影响经济周期的
信贷供给传导机制分析与模拟

    微观个体银行情绪汇集成银行体系整体情绪变化，银行情绪变化通过影响银行信贷决策导致经济体内信贷供给规模调整，从而对宏观经济形成冲击，导致经济周期波动。本章通过构建需求驱动型经济模型，分析上述银行情绪变化通过影响信贷供给引发经济周期波动的理论机制。基于相关研究结论和本书银行情绪概念的界定，银行情绪满足经济人情绪的一般特征：第一，情绪具有自我强化效应，乐观或悲观的情绪会导致未来市场相应的积极或者消极反应，这又会在未来进一步增强这种积极或者消极情绪；第二，个体情绪具有传染性，在羊群效应作用下，能够汇集成群体一致情绪。上述特点使银行情绪能够经由信贷供给渠道对宏观经济稳定产生影响。本章通过设定异质性银行刻画银行整体情绪的形成和波动特征，将情绪上述特征与传统信贷周期理论相结合，构造了银行情绪、信贷供给和经济波动的相互作用的理论模型。

    运用基于异质性经济人的模型构建方法（agent-base model），在经济人有限理性假设下，模型允许经济体系内个体相互影响和作用。这一设定解决了此前研究大多将主观情绪设定为完全外生的不合理假设问题，[①]较好地模拟了经济体系的动态演化过程。不同于传统 DSGE 模型一般要求

[①] 例如，德·格劳威（Ge Grauwe，2011）、阿萨努马（Asanuma，2013）等的研究均在模型中将情绪定义为由于认知偏差、有限学习能力等因素导致的系统模型的外生冲击。

经济人完全理性，主体之间无相互作用或呈线性关系，以及经济系统需长期处于一般均衡状态。基于异质性经济人的模型更加贴近经济运行的实际情况，因而该模型能够更好地提供银行情绪的内生过程和波动传递机制的理论依据。本章基于前面银行情绪影响因素的研究结论，参考弗兰克（2012）、夏普等（Charpe et al.，2012）和奇亚雷拉等（2015）的研究，具体分析和模拟了基于银行主体异质性的银行情绪、信贷供给与经济周期波动传递机制，为后续研究提供了理论基础，特别是为银行体系内情绪的形成、传染和汇集过程提供了微观证据。

第一节　银行情绪影响经济周期的信贷供给传导机制理论分析

全球金融危机的触发和演化伴随着明显的信贷由繁荣转为萧条的周期性特征（Schularick & Taylor，2012）。在此背景下，信贷周期理论的再发掘成为理解产出波动起因、传导机制及其宏观调控的重要方向。纳入金融市场摩擦的金融加速器理论（financial accelerator）是信贷周期研究中普遍采用的标准模式（Bernanke et al.，1996；Kiyotaki & Moore，1997）。该模式本质上基于"经济人完全理性"假设和杠杆决策外部性（López-Salido et al.，2017）。在此设定下，金融市场参与者均从自身角度出发过度借贷，但并不了解其借贷决策将脆弱性累加于总体经济，这就解释了分散式决策最终带来总体杠杆率过高的原因，也启示了杠杆率动态用于预测经济衰退的可行性（Baron & Xiong，2017；Mian et al.，2017）。然而，由于该模式主要强调信贷周期对经济基本面冲击的放大和传导作用，所以冲击具有外生性，导致信贷驱动衰退的触发时点和方式不得而知。

针对这一研究弊端，情绪驱动信贷周期的研究模式应运而生。与基于金融摩擦模式形成鲜明对比，该模式吸收了行为金融对经济人有限理性的假设，通过信念形成的心理模型刻画了信贷周期过程，更加强调信贷周期生成的内生性（Bordalo et al.，2018）。在此类文献中，金融市场参与者情绪往往依赖于当期经济景气状况或贷款违约率，"好消息"会导致过度乐观，推动信贷息差缩小至不合理水平，经济中信贷数量扩张。但情绪受到"坏消息"冲击时会发生内生性反转，导致信贷剧烈紧缩（Greenwood et al.，2019）。显然，该模式弥补了基于金融摩擦模式所缺乏的触发机制，为信贷周期波动提供了一个更为新鲜的分析视角，也构建了情绪冲击宏观经济的信贷波动传导渠道。

　　银行作为信贷市场的经营主体，其情绪变化可以通过影响信贷供给和流动性创造直接造成信贷波动，冲击宏观经济。与所有影响信贷周期的金融市场参与者情绪相比，银行情绪最为直接也最为强烈。目前，大量的理论和实践研究在多个层面和角度上证明了银行情绪是信贷周期波动的重要影响因素。在打破理性人假设的行为金融学研究中，银行有限理性成为其情绪影响信贷周期波动的重要机制。例如，罗斯里（2012）从银行有限理性设定出发阐述了银行情绪变化导致信贷周期波动的机制：银行情绪波动是引起其预期转化的重要原因，银行过度乐观或悲观的情绪造成了有限理性预期。当实体经济不景气时，银行对于信用风险的预期过度悲观，信贷政策趋于紧缩；而当经济状况好转时，取而代之的是对经济形势预期过度乐观，信贷往往随之迅速扩张。与此同时，银行有限理性情绪引发信贷周期波动的过程中也需要借助金融工具和市场机制。例如，徐瑞慧和黎宁（2018）研究表明银行在乐观情绪和证券化带来的流动性双重利好下增发贷款以及相关证券化产品，从而形成信贷波动。

　　基于上述分析，本书构造一国经济体内银行情绪通过调整信贷策略引发信贷规模波动，驱动经济周期波动的简单动态模型，对银行情绪经由信贷中介渠道对经济周期波动的理论机制进行模拟分析，为后面研究中国的银行情绪作用机制提供研究基础。

第二节　银行情绪影响经济周期的信贷供给传导机制模型构建与分析

一、基准模型设定

参考奇亚雷拉等（2015）的研究，我们设定银行体系内个体银行因情绪状态不同（乐观或悲观）而存在异质性，不同银行个体情绪状态变化引发银行体系平均情绪波动，最终导致信贷供给和经济周期波动。[①] 模型具体假设银行体系内存在两类银行，一类为乐观银行，另一类为悲观银行，不同种类银行信贷决策不同，乐观和悲观银行依据一定的转化概率进行情绪阵营的变化，如乐观银行转化为悲观银行。这种转化导致银行体系平均情绪波动，银行体系总体信贷供给随之改变，引发需求驱动下的经济产出不稳定。

1. 信贷与经济产出体系设定

首先，银行信贷供给形式设定如下：

$$L^s = \lambda^s T_c \tag{2.1}$$

其中，L^s 是总信贷供给水平；T_c 为未借准备金总额；λ^s 是银行的贷存比，是银行实施扩张或收缩信贷决策的指示指标，$\lambda^s = L^s / T_c$。L^s 既反映了银行信贷供给，也代表经济中企业债务水平，本节将 T_c 设为外生变量，因而 λ^s 变化仅反映银行贷款态度的转化。公式（2.1）反映了银行贷款决策变化能够引起信贷总供给和经济中债务杠杆的变化。

其次，对个体银行状态转化过程设定如下：假设金融体系中共有 2N 个银行，积极的银行数量为 n_+ 个，消极的银行有 n_- 个，$2N = n_+ + n_-$，

---

① 此处银行体系平均情绪为本文主要研究对象——银行情绪，由于本章研究涉及个体银行情绪状态变化和随之产生的整体银行情绪变化，为指代清晰，更好区分两个过程，本章分别用个体银行情绪和银行体系平均情绪描述个体银行情绪和总体银行情绪。

积极银行的贷存比率为 λ_+，消极银行的贷存比率为 λ_-，本节基本模型中银行贷存比率不发生变化，所以两个贷存比均为恒定值 $\bar{\lambda}_+$ 和 $\bar{\lambda}_-$，公式（2.1）变为：

$$L^s = R(n_+ \bar{\lambda}_+ + n_- \bar{\lambda}_-) \qquad (2.2)$$

$$T_c = 2NR \qquad (2.3)$$

其中，R 是个体银行准备金规模，银行体系平均情绪水平可以用两组银行的比例差表示：$x = (n_+ - n_-)/2N$，$2N = n_+ + n_-$。由此可以推出：$n_+ = N(1+x)$，$n_- = N(1-x)$，$x = 0$ 表示两方银行数量相等，$x = +1$ 表示所有银行都积极乐观，$x = -1$ 表示所有银行都消极悲观。因此 x 可以作为银行体系情绪的指示指标，转化区间为 $[-1, 1]$。其中，$x = 0$ 时，银行体系整体情绪为中立状态；$x > 0$ 时，银行体系中乐观个体银行数量多于悲观个体银行，此时银行体系整体情绪乐观；$x < 0$ 时，银行体系中悲观个体银行数量多于乐观个体银行，此时银行体系整体情绪悲观。由于 $T_c = 2NR$，公式（2.2）可以转化为银行信贷供给由银行部门平均情绪和信贷策略共同影响的形式：

$$L^s = \frac{T_c}{2}[(1+x)\bar{\lambda}_+ + (1-x)\bar{\lambda}_-] \qquad (2.4)$$

最后，对信贷与产出的关系进行设定：信贷供给 L^s 决定实体经济产出总需求 y^d，产出 y 由需求驱动，遵循布兰查德（Blanchard，1981）的标准 AS – AD 动态乘数过程：

$$y^d = y_0^d + kL^s \qquad (2.5)$$

$$\dot{y} = \sigma(y^d - y) \qquad (2.6)$$

y_0^d 是总需求的自发部分，将公式（2.4）至公式（2.6）组合在一起得到：

$$\dot{y} = \sigma\{y_0^d + k\frac{T_c}{2}[(1+x)\bar{\lambda}_+ + (1-x)\bar{\lambda}_-] - y\} \qquad (2.7)$$

公式（2.7）表明，银行情绪变化引发的信贷供给波动导致经济产出总需求变化，经济产出总需求与实际产出的缺口驱动了未来经济产出变化。

2. 银行情绪波动设定[①]

对银行部门平均情绪 x 的动态变化进行合理刻画是本节研究的重点。此处定义两类个体银行情绪转化概率：p_{+-} 是悲观银行变得乐观的过渡概率；p_{-+} 是反向转化的概率。因此，x 的动态变化可以用各组银行数量乘以转化概率来表示：

$$\dot{x} = (1-x)p_{+-} - (1+x)p_{-+} \tag{2.8}$$

可以看出 p_{+-} 和 p_{-+} 是影响银行体系平均情绪变动 $\dot{x}$ 的关键。此处根据前面的研究结论，定义 p_{+-} 和 p_{-+} 的影响因素方程包含以下三个因素：第一，羊群效应影响的银行体系平均情绪 $a_1 x$。对个体银行而言，遵循羊群效应进行决策意愿的大小为 a_1，该参数决定在某一时刻个体银行得知银行体系平均情绪 x，选择遵循多数银行情绪状态和信贷决策的倾向性，换言之，a_1 越大银行体系内羊群效应越强。第二，银行情绪受经济产出因素影响。在模型中受到实际部门的产出缺口 $y^d - y$ 影响，这既反映了银行情绪以经济基本面信息为决策依据，又反映出银行情绪受到市场贷款需求驱动。第三，银行情绪转化还受到政策制度因素的限制，我们设定个体银行情绪转换倾向参数 d，用来反映银行情绪转化与政策制度约束间的关系，d 越小银行受到约束越大，转换意愿越低，为简化研究将其设为不变参数。因此得到影响银行情绪转化概率 s 的方程为：

$$s(x, y, d) = a_1 x + a_2(y^d - y) + d \tag{2.9}$$

s 为个体银行情绪转化指数，假设转化概率参数 p_{+-} 和 p_{-+} 对于 s 变化的响应对称，可以得到：

$$p_{+-} = v \cdot \exp(s) \tag{2.10}$$

$$p_{-+} = v \cdot \exp(-s) \tag{2.11}$$

$$\dot{x} = v[(1-x)\exp(s) - (1+x)\exp(-s)] \tag{2.12}$$

公式（2.9）和公式（2.12）反映了银行情绪的自我强化效应，s 值

[①] 该方法以魏德利希和海格（Weidlich & Haag, 2012）的异质性代理人和情绪随机选择设定为基础，结合了卢克斯（Lux, 1995）对羊群行为的有关研究。弗兰克（Franke, 2012）将其进一步整合，总结出适用于宏观经济动态研究的 W – H – L 方法。

增加意味着悲观银行变成乐观银行的概率增加。[1] 公式（2.12）模拟了个体银行情绪的变化在不完全信息下倾向于参考其他银行的情绪和决策，导致银行体系的情绪和决策一致性趋势。综上，整个银行情绪与经济产出的波动传导机制的基础模型动态体系可以表示为：

$$\dot{y} = \sigma(y^d - y) \tag{2.13}$$

$$\dot{x} = v[(1-x)\exp(s) - (1+x)\exp(-s)] \tag{2.14}$$

原方程为：

$$y^d = y_0^d + kL^s = y_0^d + k\frac{T_c}{2}[(1+x)\bar{\lambda}_+ + (1-x)\bar{\lambda}_-] \tag{2.15}$$

$$s(x,y,d) = a_1 x + a_2(y^d - y) + d \tag{2.16}$$

二、参数设定和模拟结果分析

为了实现对上述模型的分析和模拟，令动态公式（2.13）、公式（2.14）为零得到：

$$y = y_0^d + k\frac{T_c}{2}[(1+x)\bar{\lambda}_+ + (1-x)\bar{\lambda}_-] \tag{2.17}$$

$$y = \frac{a_1}{a_2}x - \frac{1}{2a_2}\ln\frac{1+x}{1-x} + y^d + d \tag{2.18}$$

公式（2.17）、公式（2.18）在 $d \neq 0$ 时很难得到渐进解，令 $d = 0$，$x^* = 0$，$y^* = 0$，整个动态系统可以实现条件均衡。通过雅可比（Jacobian）矩阵对稳态进行分析，可以得到只有银行情绪为中立状态，雅可比矩阵的迹小于0，且行列式大于0时，模型才能够达到稳态。[2] a_1 在系统达到稳态和动态变化中起到了关键作用。[3] 参考奇亚雷拉等（2015）的参数设

---

[1] 例如，银行体系中乐观银行数量较多，那么在羊群效应的影响下，越来越多的银行会跟随乐观银行的信贷策略，导致信贷规模持续扩张，促进经济产出增加，这又进一步增强了银行乐观情绪，实现了乐观银行情绪的自我实现过程。

[2] 此处情绪中立是银行体系中乐观、悲观银行情绪数量一致，银行体系平均情绪既不乐观也不悲观。

[3] 情绪传染因子 a_1 的变化，可能出现多个均衡解。但本书研究目的在于刻画和模拟情绪变化引起的经济系统波动过程，因而此处均衡个数和几乎不能实现的均衡状态并不影响本书研究结果。

定，令$a_1 = 0.7$，$a_2 = 2.1$，$\sigma = 0.8$，$k = 0.1$，$T_c = 1$，$y_0^d = 10$，$\bar{\lambda}_- = 5$，$\bar{\lambda}_+ = 20$，$v = 0.4$，$d = 8$。图 2-1 为本章基础模型代表性动态模拟结果。

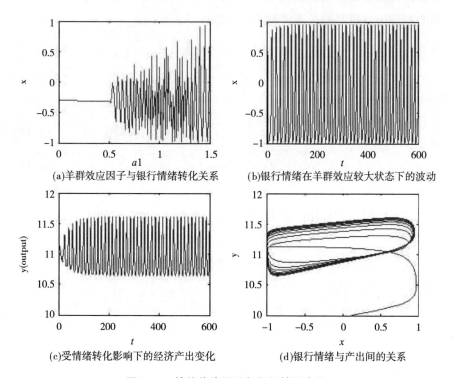

(a)羊群效应因子与银行情绪转化关系 　　(b)银行情绪在羊群效应较大状态下的波动

(c)受情绪转化影响下的经济产出变化 　　(d)银行情绪与产出间的关系

图 2-1　情绪传染因子与银行情绪变化

从模拟结果可以看出，羊群效应因子与银行情绪的稳定密切相关，在羊群效应因子小于0.5时，银行情绪较为收敛和稳定，当羊群效应较大时，银行情绪随之形成较大波动。当羊群效应设定为0.7时，银行情绪波动较大，并引发产出形成较为显著的周期波动。上述基础模型通过动态模拟证明了银行情绪变化能够通过调整信贷供给对经济产出的显著影响。

考虑上述模型达到稳态的情况：羊群效应较小且受到制度因素限制较大，这种状态下银行情绪波动以及对经济和产出的冲击都很小。这与中国商业银行早期受行政命令指导，自身无自主决策权的情况十分接近，这一时期银行情绪对经济产出的影响十分有限。可能正是对于这种状态的惯性思维导致现有研究中常常忽略银行情绪，不承认也不重视银行情绪的重要作用。然而，根据上述模型模拟结果可以看到，随着银行自主权增强，政策制度约束减弱以及个体银行情绪相互传染效应的增强，银行情绪将出现剧烈波动并导致信贷和经济体系的不稳定。当前，虽然中国金融体系日益完善，但是伴随银行业股份制改革和利率市场化推进，银行独立决策空间加大，银行间信息交流与竞争加剧，加之商业银行采取多种金融创新手段规避监管。根据模拟结果，银行情绪的波动性将大大增强，是信贷和经济风险的重要源头。

第三节　贷款策略异质性设定下的传导机制分析与模拟

一、乐观银行贷款策略异质性设定下的传导机制分析与模拟

1. 模型设定

本节在基础模型上进行扩展，放松对乐观银行贷存比 λ_+ 的限制，乐观银行可以随时根据银行体系平均情绪 x 调整信贷策略，其贷款规模也随之变化，而不活跃的消极银行维持不变的贷存比 $\bar{\lambda}_-$。此处，假设银行是信贷创造者，银行对外贷款行为不受存款可得性约束，只由银行情绪决定。而且，λ_+ 和 x 为线性关系，若 $x>0$，乐观银行以恒定速度 γ_1 扩张贷款规模；$x<0$，乐观银行以同样的速度收缩贷款规模；$x=0$，乐观银行的贷款规模不变。此外，乐观银行贷款策略还受到经济产出的影响，因而乐观银行贷款策略变化可以表示为：

$$\dot{\lambda}_+ = \gamma_1 x + \gamma_2 \dot{y} \cdot \qquad (2.19)$$

其中，γ_1 是乐观银行根据银行体系平均情绪 x 的调整速度，衡量乐观银行信贷决策中受银行平均情绪影响的部分；γ_2 是乐观银行根据 $\dot{y}$ 的调整速度，衡量乐观信贷决策依赖于实体经济增长的部分。整个动态系统转化为：

$$\dot{\lambda}_+ = \gamma_1 x + \gamma_2 \dot{y} \cdot \qquad (2.20)$$

$$\dot{y} = \sigma(y^d - y) \tag{2.21}$$

$$\dot{x} = v\left[(1-x)\exp(s) - (1+x)\exp(-s)\right] \tag{2.22}$$

该体系中，若银行平均情绪 $x > 0$，表明银行体系对未来持乐观态度，乐观银行会随之调整信贷策略 λ_+，导致信贷供应和经济总需求的扩张，最终驱动产出增加。这种产出与银行情绪的同向变动导致乐观银行更加乐观，产出缺口也进一步加大，这是乐观银行的情绪自我实现过程。考虑银行体系内的羊群效应，在部分乐观银行情绪被证实后，更多银行选择遵循乐观银行的信贷策略，这将进一步加剧上述情绪与产出的扩张机制。当然，银行不会无限对外放贷，企业债务堆积会影响其偿还能力，企业过多债务会对银行情绪转化指数 s 产生负向影响，最终导致银行整体情绪转向消极，整个经济体系随之由繁荣状态转向萧条状态。

2. 参数设定与模拟结果分析

通过推导和分析，上述动态模型在 $\lambda_+^* = -\dfrac{d}{a_2}$、$y^* = y_0^d + k\dfrac{T_c}{2}$ $\left(\bar{\lambda}_- - \dfrac{d}{a_2}\right)$、$x^* = 0$ 时达到稳态，并且在 a_1、a_3、γ_1 和 γ_2 较小，$|a_2|$ 较大时更容易实现渐进均衡状态，即银行间情绪传染情况较弱，银行对债务容忍度较低，而且对实体经济变化不太敏感时，更容易达到稳态。本节模拟运用欧拉方法设定离散时间，分别进行稳定状态和不稳定状态模拟。具体参数设定为 $a_1 = 0.3$（稳定状态）、$a_1 = 1.5$（不稳定状态）、$a_2 = -0.3$、$\sigma = 0.8$、$a_3 = 1.3$、$k = 0.1$、$T_c = 1$、$y_0^d = 10$、$\bar{\lambda}_- = 5$、$\gamma_1 = 0.3$、$\gamma_2 = 0.4$、$v = 0.4$、$d = 10$。

数值模拟结果见图 2 - 2。从中可以看出，羊群效应较小时，银行情绪较为稳定，乐观银行贷存比与产出经过短期增长达到稳定状态，三者间的联动关系也较为稳定。当羊群效应较大时，整个经济体系出现周期波动特征。首先，银行部门情绪呈现乐观和悲观的周期变化特征，乐观银行的贷款策略也随之变化，表现为银行资产负债表的扩张和收缩。实体经济也随之呈现周期变动趋势，三者之间呈显著的一致周期变动关系，展示了信贷周期中情绪变化引起的信贷和经济产出的趋势翻转过程：乐观银行情绪促进银行放贷，扩张实体经济，同时导致银行债务累积，当债务过度累积冲击银行对未来的预期，会导致银行情绪逐渐逆转为消极状态，银行体系内贷款策略发生改变，银行资产负债表规模随之收缩，进而引发经济下行，这一过程不断重复，形成图 2 - 2 中的周期波动态势。而且从整个模拟过程可以看出，在羊群效应影响下乐观银行贷存比在前 100 期每次循环峰值都有所增加，这反映出乐观银行内部出现扩张信贷决策趋同，银行信贷规模随之扩张，导致实际产出的波动程度加剧。这意味着，乐观银行情绪在羊群效应作用下不断被增强，更多银行选择追随乐观银行的扩张信贷策略，银行总体信贷供给不断扩张，对经济产出的冲击也被逐渐放大。

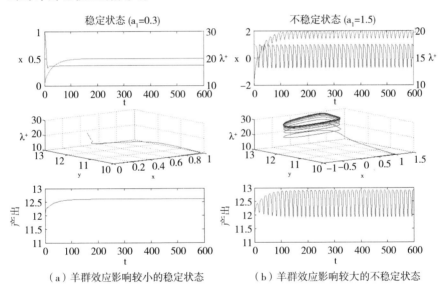

（a）羊群效应影响较小的稳定状态　　　　（b）羊群效应影响较大的不稳定状态

图 2 - 2　三维模型模拟结果

我们模拟不同羊群效应水平下该经济体宏观杠杆率变化情况（总体债务与经济产出的比率），更清晰地展示羊群效应作用下，信贷规模波动对经济产出的冲击放大效应。图 2 - 3 显示了不同传染参数 a_1 值下宏观杠杆率的不同模式。其他参数与前面一致。模拟结果显示，a_1 的值越高，宏观杠杆率的波动幅度越大，信贷体系和实体经济的扩张和收缩幅度都被显著放大，经济体系也更加不稳定。可见，随着羊群效应增强，叠加情绪的自我实现机制，信贷体系和经济体系的波动程度都明显加剧。

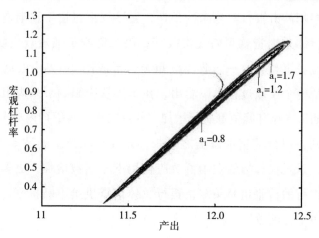

图 2 – 3　债务与产出

注：$a_1 = 0.8$ 为中心环线，$a_1 = 1.2$ 为次中心环线，$a_1 = 1.7$ 为外侧环线，其他参数与上文一致。

二、全体银行贷款策略异质性设定下的传导机制分析与模拟

1. 模型设定

本节进一步放松对悲观银行的贷存比限制，此时银行体系中所有银行都可以调整自己的贷款策略。即乐观银行和悲观银行根据自身情绪状态决定各自的贷款规模，分别表示为：

$$\dot{\lambda}_{+} = \gamma_1(x + g(\cdot)) + \gamma_2 \dot{y} + \gamma_3(\bar{\lambda}_{+} - \lambda_{+}) \tag{2.23}$$

$$\dot{\lambda}_{-} = \gamma_1(x - g(\cdot)) + \gamma_2 \dot{y} + \gamma_3(\bar{\lambda}_{-} - \lambda_{-}) \tag{2.24}$$

其中，$g(\cdot)$ 为个体银行情绪与银行体系平均情绪 x 的缺口：

$$g(\cdot) = \xi_0 \exp(-\xi_1 x^2) \tag{2.25}$$

乐观银行的信贷策略受 $x + g(\cdot)$ 影响，悲观银行的信贷策略受 $x - g(\cdot)$ 影响，ξ_0 决定情绪缺口的大小，ξ_1 刻画 $g(\cdot)$ 相对于银行体系平均情绪 x 变化的敏感性。公式（2.25）展示了繁荣（平静）状态下，不同银行贷款策略的趋同（分歧）。具体表现为：当银行体系处于乐观或悲观情绪不断增强的极端状态下时，情绪的自我实现过程会使 $g(\cdot)$ 逐渐缩小，银

行体系内贷款策略趋于一致,可能是银行体系内的一致乐观,也可能是一致悲观;当银行体系情绪中立时,各类银行的贷款策略呈现明显分歧。

公式(2.23)、公式(2.24)在基础模型上添加均值项 $\gamma_3(\bar{\lambda}_+ - \lambda_+)$ 和 $\gamma_3(\bar{\lambda}_- - \lambda_-)$,模拟银行贷款决策的长期调整过程。根据实际情况假设乐观银行倾向于较高的贷款规模,而悲观银行倾向于较低的贷款规模,银行情绪是银行贷款策略变化的内生变量,添加均值调整过程可以对乐观情绪(悲观)引发的贷存比率增长(下降)施加极值限制。信贷供给 L^s 和产出 y^d 的公式为:

$$L^s = \frac{T_c}{2}\left[(1+x)\lambda_+ + (1-x)\lambda_-\right] \tag{2.26}$$

$$y^d = y_0^d + kL^s = y_0^d + k\frac{T_c}{2}\left[(1+x)\lambda_+ + (1-x)\lambda_-\right] \tag{2.27}$$

新的动态模型为:

$$\dot{\lambda}_+ = \gamma_1(x + g(\cdot)) + \gamma_2\dot{y} + \gamma_3(\bar{\lambda}_+ - \lambda_+) \tag{2.28}$$

$$\dot{\lambda}_- = \gamma_1(x - g(\cdot)) + \gamma_2\dot{y} + \gamma_3(\bar{\lambda}_- - \lambda_-) \tag{2.29}$$

$$\dot{y} = \sigma(y^d - y) \tag{2.30}$$

$$\dot{x} = v\left[(1-x)\exp(s) - (1+x)\exp(-s)\right] \tag{2.31}$$

原方程为:

$$y^d = y_0^d + kL^s = y_0^d + k\frac{T_c}{2}\left[(1+x)\lambda_+ + (1-x)\lambda_-\right] \tag{2.32}$$

$$g(\cdot) = \xi_0\exp(-\xi_1 x^2) \tag{2.33}$$

$$s(x,y,d) = a_1 x + a_{2+}\lambda_+ + a_{2-}\lambda_- + a_3(y^d - y) + d \tag{2.34}$$

通过对模型稳态的分析可知,只有当 $x^* = 0$,政策制度指数 $d = -a_{2+}\lambda_+^* - a_{2-}\lambda_-^*$ 的情况下,动态系统才能实现唯一稳态:$x^* = 0$,$\lambda_+^* = \bar{\lambda}_+ + \frac{\gamma_1}{\gamma_3}\xi_0$,$\lambda_-^* = \bar{\lambda}_- - \frac{\gamma_1}{\gamma_3}\xi_0$,$y^* = y^{d^*} = y_0^d + k\frac{T_c}{2}\left[(1+x)\lambda_+^* + (1-x)\lambda_-^*\right]$,这种稳态在现实中几乎不可能实现。此外,当动态系统不包含实际产出部门,为部分动态系统时,a_1、a_3、γ_1、γ_2 足够小,a_2 和 γ_3 足够

大，模型也可以实现局部渐进稳态。上述稳态结果表明个体银行间羊群效应导致的情绪传染和信贷策略调整对经济稳定的影响更显著。

2. 参数设定与模拟结果分析

模型参数设定和模拟结果如下：模型代表性模拟过程的参数设定为 $a_1 = 1.5$、$a_{2+} = -0.3$、$a_{2-} = -0.5$、$\sigma = 0.8$、$a_3 = 1.3$、$k = 0.1$、$T_c = 1$、$y_0^d = 11$、$\gamma_1 = 0.3$、$\gamma_2 = 0.4$、$v = 0.4$、$d = 10$、$\xi_0 = 3.4$、$\xi_1 = 5$。动态模拟结果见图 2 - 4。从模拟结果可以看出：图 2 - 4（a）和图 2 - 4（b）分别反映了乐观银行和悲观银行贷款策略不同，随着银行体系整体情绪波动而波动。在不同情绪状态的银行内部，受羊群效应和情绪自我实现效应的共同影响，不同状态的信贷决策逐渐趋同，引发银行资产负债表的收缩扩张周期波动逐渐在极端值处稳定。图 2 - 4（c）反映了银行情绪波动情况。图 2 - 4（e）和图 2 - 4（f）反映了产出以及债务与产出的比率随着银行情绪变化产生的周期波动情况。图 2 - 4（d）反映了 $g(\cdot)$ 的周期

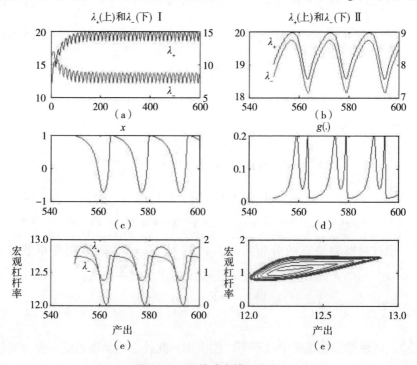

图 2 - 4　四维动态模拟结果

变化情况，$g(\cdot)$的大小变化反映出银行贷款决策差异情况，从图形双峰值走势可以看出，$g(\cdot)$的第一次下行反映出了银行体系内出现决策趋同趋势，但这种趋同并未完全实现乐观银行积极信贷决策的转变，这种趋势经过第二个周期变化后完全实现决策趋同状态，即$g(\cdot)$趋近于0。而且，由于模型存在银行决策趋同，银行体系情绪的转化较之前模型模拟结果更为平滑。

本节放松银行贷款决策约束，允许银行根据情绪状态和其他银行信贷策略调整自身信贷规模。研究发现，与银行维持固定存贷比的模拟结果相比，银行能够灵活调整贷款策略，并且在贷款策略还受羊群效应影响的设定下，情绪变动对经济的影响由于信贷规模波动幅度加剧而被进一步放大。而且随着羊群效应的增强，银行情绪对经济稳定的冲击也在加剧。这表明，将模型设定为更贴近现实情况时，银行情绪变化是经济周期波动的重要驱动力，羊群效应的存在会加剧银行情绪对信贷体系和经济产出的驱动效应，这一结果与罗斯里（2001）以及中川和乌奇达（2011）的研究结果一致。

第四节　经济政策不确定性设定下的传导机制分析与模拟

一、模型设定

本节试图在模型中加入经济政策不确定性因素，分析银行情绪对经济周期波动的影响是否发生变化。上述银行情绪变化和银行信贷决策异质性模型，实现了银行情绪波动经过信贷供给对经济产出形成冲击的动态模拟，银行情绪的转化指数s主要由羊群效应影响下的银行体系平均情绪、经济产出状况和政策制度约束共同影响，这一设定以及模拟结果符合前面银行情绪受到经济基本面信息和经济政策因素影响的结论，但上述模型中并未对经济政策不确定性因素进行分析。因此本节在模型中进一步加入经济政策不确定性因素。

从理论分析和实证检验结果可以得知，受到经济政策不确定性增强的影响，银行情绪会出现乐观状态更容易转化为悲观状态，但悲观状态向乐观状态转化更为困难的情形，在动态模拟模型中表现为一个群体向另一个群体的转化概率的非对称性。原模型中转化概率与转化指数具有对称性，直接对转化指数进行修改，无法实现上述非对称效果。因此本书将宏观政策不确定性作为外生因素 s_u 加在银行情绪转化概率模型上，令其与 x、$y^d - y$ 和 d 独立。为了更好地体现宏观政策不确定因素的影响，本书构造双曲正切函数 tanh，表现宏观政策不确定因素从 0 到 1 递增的变化规律。这一改造实现了银行情绪动态变化因不确定性因素存在而出现银行平均意见转化的非对称性，得到如下银行情绪转化动态模型：

$$s_{v1} = a_1 x + a_{2_+} \lambda_+ + a_{2_-} \lambda_- + a_3 (y^d - y) + d \tag{2.35}$$

$$s_h = a_4 \tanh(t) \tag{2.36}$$

$$\dot{x} = v\left[(1-x)\exp(s_{v1} + s_u) - (1+x)\exp(-s_{v1} + s_u) \right] \tag{2.37}$$

新的动态模型为：

$$\dot{\lambda}_+ = \gamma_1 (x + g(\cdot)) + \gamma_2 \dot{y} + \gamma_3 (\overline{\lambda}_+ - \lambda_+) \tag{2.38}$$

$$\dot{\lambda}_- = \gamma_1 (x - g(\cdot)) + \gamma_2 \dot{y} + \gamma_3 (\overline{\lambda}_- - \lambda_-) \tag{2.39}$$

$$\dot{y} = \sigma(y^d - y) \tag{2.40}$$

$$\dot{x} = v\left[(1-x)\exp(s_{v1} + s_u) - (1+x)\exp(-s_{v1} + s_u) \right] \tag{2.41}$$

原方程为：

$$y^d = y_0^d + kL^s = y_0^d + k\frac{T_c}{2}\left[(1+x)\lambda_+ + (1-x)\lambda_- \right] \tag{2.42}$$

$$g(\cdot) = \xi_0 \exp(-\xi_1 x^2) \tag{2.43}$$

$$s_{v1} = s(x, y, d) = a_1 x + a_{2_+} \lambda_+ + a_{2_-} \lambda_- + a_3 (y^d - y) + d \tag{2.44}$$

$$s_h = a_4 \tanh(t) \tag{2.45}$$

二、参数设定与模拟结果分析

模型参数设定和模拟结果如下：模型代表性动态模拟过程的参数设

定为 $a_1 = 1.5$、$a_{2+} = -0.3$、$a_{2-} = -0.5$、$\sigma = 0.8$、$a_3 = 1.3$、$a_4 = 1.8$、$k = 0.1$、$T_c = 1$、$y_0^d = 11$、$\gamma_1 = 0.3$、$\gamma_2 = 0.4$、$v = 0.4$、$d = 10$、$\xi_0 = 3.4$、$\xi_1 = 5$。除添加的经济政策不确定性参数外，其他参数与上一节保持一致，以便对比分析。动态模拟结果见图 2-5。与不存在经济政策不确定性因素的模拟结果相比，整个信贷经济系统波动性更强。从两类银行贷存比波动情况可以较为明显地看出，乐观银行贷存比波动极值减小，这表明在政策不确定性存在的情况下乐观银行的资产负债表扩张行为受到限制。银行情绪变化更为剧烈，波动幅度和波动频率都有所增加，银行情绪处于悲观状态的时期变长，反映出政策不确定性导致悲观银行情绪更加难以扭转。此外，银行间决策差异缺口 $g(\cdot)$ 波动幅度明显扩大，表明政策不确定性影响下，银行体系极端情绪引导下的信贷收缩和扩张更为严重；$g(\cdot)$ 波动频率提高，反映出经济政策不确定性状态下银行体系内决策变化更加复杂。总之，当银行情绪变化受到经济不确定性影响后，银行情绪对信贷供给和经济周期的驱动效应被进一步放大，整个经济体系不稳定性显著提高。

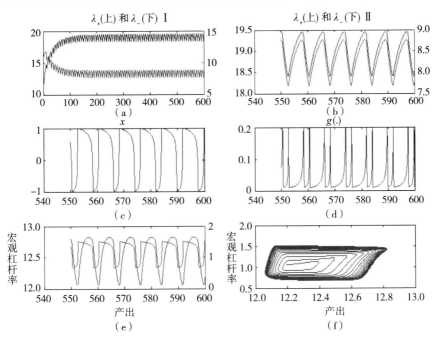

图 2-5　包含政策不确定性因素的动态模拟结果

第五节　本章小结

本章通过构造银行情绪影响经济周期的信贷供给传导机制模型，检验了银行情绪在羊群效应作用下调整信贷决策，引发信贷波动和经济产出不稳定的动态过程，证明了受信贷供给驱动的经济体内，多因素驱动下的银行情绪波动是经济不稳定的重要影响因素，为后面对中国银行体系情绪作用机制分析提供了理论基础。

本章的主要结论为：第一，银行的情绪波动和信贷决策过程遵循羊群效应，会引起和放大信贷供给规模的收缩与扩张，是经济不稳定的重要来源。这一模拟结果表明政策制度约束较小，银行能够根据主观情绪自由决策的情形下，银行内生的情绪波动能够通过驱动信贷周期导致经济周期波动。第二，模型稳态结果表明，影响银行间情绪转化和信贷决策的参数变化对实现稳态更关键，这意味着防范银行情绪驱动的经济不稳定性风险，单纯对银行经营决策进行限制的有效性十分有限（如设定贷存比要求），还需关注银行间的情绪传染和决策相互影响等微观作用机制。具体而言，需要引导银行情绪合理转化，以防银行体系内受羊群效应影响形成极端情绪。第三，二维模型稳定状态分析表明，银行情绪波动较小，传染机制较弱且受政策制度约束较小，银行情绪也相对中立时，经济体系能够处于较为稳定状态，这一情形与中国商业银行早期受行政命令和政策管控较为严格，商业银行未能脱离国家行政管理的状态较为类似。这一阶段中国的银行情绪作用空间极小，因而银行情绪波动的经济不稳定效应也并不被重视。然而，当前伴随着金融体制改革的发展，银行情绪波动和作用空间增加，其变化对生产部门和宏观经济的可能影响也应引起重视。第四，模型中加入不确定性因素后，整个体系不稳定性、银行体系情绪波动、银行体系内信贷决策异质性均有所增强，这反映出经济政策不确定性会导致原本由于银行情绪波动处于不稳定状态的经济体系更加脆弱，是加剧银行情绪波动风险性的重要因素。

▶▶ 第三章

银行情绪指数的构建与分析

现实中，情绪不仅是行为主体充分利用可得信息，对未来经济形势做出的逻辑判断，而且是主观意志和认知偏差等心理因素影响的结果。情绪的有限理性特征加大了对其进行数据测度的难度。虽然银行情绪与一般经济人情绪相比，理性水平可能更高，但是其有限理性特点仍然存在。因此，合理测度银行情绪依然是展开研究的重点和难点。根据前面对于现有银行情绪指标测度方法的分析与总结，综合考虑情绪指标测度要求和数据可得性，我们选择中国人民银行发布的《银行家问卷调查报告》结果作为银行情绪原始数据来源。本章首先根据各调查结果指标信息的传递过程确定原始指标时期；其次运用主成分分析法提取共同成分构造银行情绪指数；最后对银行情绪指数的周期波动和区制转换特征进行分析，探讨该指数作为银行情绪代理指标的合理性。

第一节　银行家调查问卷与原始指标选取

一、《银行家调查问卷报告》概述

本书选取人民银行发布的《银行家调查问卷报告》作为银行情绪指数原始数据来源。其原因在于调查问卷数据较为契合情绪指标有限理性特点。问卷调查通过收集特定目标群体对未来经济水平等经济变量变动趋势的判断情况，有效地获取了该群体对未来经济发展等方面的有限理性预期水平，调查问卷获得的数据符合情绪的概念要求。此外，目前多国中央银行定期开展银行问卷调查，相关调查制度较为完善，数据获得性较高。各国央行通过主观性问卷题目收集银行体系专业人士的主观判断，全面调查国内主要银行的管理者（银行家）对经济形势、政策变化、银行经营的收益与风险以及贷款发放等方面的主观感受信息。据此形成的银行调查问卷数据库为银行情绪、信心和预期的相关量化研究提供了数据支持（Lown & Morgan，2006）。其中，美联储1964年率先开展了银行信贷高级管理人员意见调查（Senior Loan Officer Opinion Survey，SLOOS），通过定性数据分析银行业信贷需求、银行贷款标准和贷款意愿等问题。2000年日本中央银行效仿美联储实施了大型银行信贷业务高级信贷员意见调查。自2003年起欧洲央行也在欧元区统一实施银行信贷调查制度（bank lending survey，BLS）。由于上述调查问卷是银行家对未来经济形势和信贷决策意见的汇总，所以在此基础上构造的情绪指数能够较好地捕捉银行部门经济人的主观性，更接近理论上对于银行家情绪的定义。另外，银行家调查问卷通常来自对全国范围内银行家的全面抽样，因此可以直接使用该指标的汇总数据"自下而上"地衡量银行业整体的情绪水平。大量研究证明了利用该调查结果作为银行情绪代理指标的合理性和稳健性。①

中国人民银行自2004年起引进银行家调查制度，目前银行家调查制度已经较为完善。中国《银行家问卷调查报告》自2004年起开始发布，该报告调查对象为全国各类银行机构（含外资商业银行机构）的总部负责人及其一级分支机构、二级分支机构的行长或主管信贷业务的副行长。参与调查的样本银行达到3102家，全面涵盖了中国所有银行类型，且结

---

① 银行调查问卷数据在早期研究中常常用于讨论贷款标准变化的影响。例如，罗恩和摩根（Lown & Morgan，2006）、戈顿和黑（2008）以及贝赛特等（2014）运用SLOOS数据反映信贷标准变化。情绪研究的发展使得其作为银行情绪变化代理指标被广泛应用。例如，奇亚雷拉等（2015）利用BLS和SLOOS数据研究银行乐观悲观贷款态度。

构比例符合现实情况。[①] 从 2009 年起，问卷调查报告结果进一步扩展，目前该指数包含 12 个具体子指数：银行家宏观经济热度指数、银行家宏观经济信心指数、货币政策感受指数、贷款总体需求指数、贷款需求指数（制造业）、贷款需求指数（非制造业）、贷款需求指数（大型企业）、贷款需求指数（中型企业）、贷款需求指数（小微型企业）、银行贷款审批指数、银行业景气指数和银行盈利指数。该项调查结果较为全面地反映了中国银行部门管理人员对于未来经济形势、货币政策、贷款需求和银行经营等方面的预期情况，是较为合适的银行情绪直接数据来源。

二、银行情绪原始指标选取

国内银行情绪研究方兴未艾，可参考的指标选取方法并不多。其中，童中文等（2016）在研究信贷市场投资者情绪时提出采用贷款额变化率来衡量银行情绪，加上银行家信心指数、银行业景气指数以及能够反映消费者情绪的消费者信心指数来合成投资者情绪。然而该研究中的贷款额变化率指标是贷款结果指标，使其最终获得的投资者情绪指标的前瞻性难以保证。此外，也有研究直接选取银行家信心指数，分析银行（家）信心对经济的影响（饶品贵和姜国华，2013；于震等，2018；张成思和孙宇辰，2018）。但上述研究中采用银行信心指数存在以下两个方面不足：一方面，银行家信心指数更多反映银行或银行家对未来经济的信心水平，依赖宏观经济形势，不能很好地反映银行情绪的主观性；另一方面，考虑银行部门特殊，信心指标内涵较为单一，不能够全面涵盖银行部门管理人员对于经济形势、货币政策、贷款需求和银行经营等多方面的预期情况。因此，我们参考上述研究方法，对银行情绪指标选取方法进行改进，依托《银行家问卷调查报告》，扩大原始指标选择范围，以满

---

① 此处对数据的说明参考了中国人民银行调查统计专题研究课题组（2014）。根据该文，截至 2013 年 9 月末，参与调查的样本银行构成及数量如下：政策性银行 413 家、国有商业银行 1494 家、股份制银行 414 家、城市商业银行及城市银行合作社（含联社）116 家、农村商业银行（包括农村合作银行）及农村信用合作社（含联社）474 家、外资银行 191 家。

足银行情绪指数构建要求。

从《银行家问卷调查报告》结果中选取 7 个代表性指数构建银行情绪指数。具体包括："银行家宏观经济热度指数（BMHI）"和"银行家宏观经济信心指数（BMCI）"用来反映银行部门对经济形势的判断和信心；"货币政策感受指数（MPEI）"用来反映银行部门对货币政策变化和松紧程度的感受；"贷款需求指数（LDI）"和"银行贷款审批指数（LAI）"用来反映银行部门对信贷需求与供给的判断和感受，"银行业景气指数（BCI）"和"银行业盈利指数（BEI）"用来反映银行部门对银行业景气形势的判断和信心。上述指标从不同层面和角度反映了整个银行部门对宏观经济形势、政策调控和银行业发展的判断、信心和感受，满足银行情绪主观性、前瞻性和综合性的要求。

从图 3-1 可以看出，全球经济危机后，银行部门内对于经济形势、货币政策以及自身经营状况的预期逐渐改善，在 2010 年达到较高预期水平。银行业盈利指数（BEI）、银行业景气指数（BCI）和银行贷款审批指数（LAI）在 2010 年后整体波动较小，呈现出下行趋势，银行家宏观

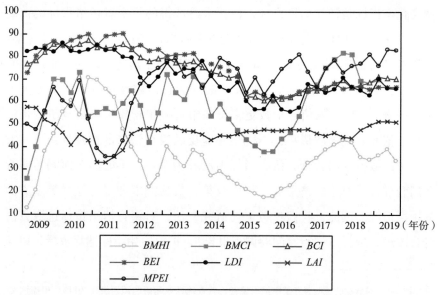

图 3-1　银行情绪指数原始数据

资料来源：《银行家问卷调查报告》，中国人民银行官方网站。

经济热度指数（*BMHI*）、银行家宏观经济信心指数（*BMCI*）、货币政策感受指数（*MPEI*）和贷款需求指数（*LDI*）在 2010 年后波动较大，受 2015 年经济环境影响，均出现较大下行波动。这与中国经济发展现实相符合，表明中国银行家乃至整个银行部门对中国经济运行态势能够较为准确地进行预期和判断。

虽然原始数据走势表现出不同层面具体的调查结果量纲差异较大，由于经济人情绪具有连贯一致性特征，上述指标提取共同成分能够在一定程度上消除这种差异性，合成的综合指数能够较好反映银行部门的一致情绪。为消除季节因素影响，本书对选取的原始指数运用 Eviews 10 进行 X - 12 季节调整，原始数据样本区间为 2009 年第 1 季度至 2019 年第 3 季度，数据描述性统计见表 3 - 1。

表 3 - 1 　　　　　　　　　　　描述性统计

变量	*BMHI*	*BMCI*	*BCI*	*BEI*	*LDI*	*LAI*	*MPEI*
均值	36. 665	58. 773	74. 166	75. 668	71. 678	46. 176	66. 815
中间值	34. 903	59. 046	74. 136	76. 805	71. 699	46. 981	70. 325
最大值	70. 653	81. 040	85. 894	89. 277	84. 505	58. 491	80. 852
最小值	12. 109	24. 737	60. 547	61. 318	57. 052	33. 278	34. 946
标准差	14. 674	13. 143	8. 325	9. 785	8. 980	4. 931	12. 583
偏度	0. 694	− 0. 372	− 0. 066	− 0. 058	0. 037	− 0. 519	− 1. 163
峰度	2. 815	2. 678	1. 602	1. 452	1. 743	5. 040	3. 336
J - B 统计量	3. 353	1. 123	3. 369	4. 118	2. 710	8. 955	9. 430
概率	0. 187	0. 570	0. 186	0. 128	0. 258	0. 011	0. 009
样本量	41	41	41	41	41	41	41

三、银行情绪原始指标时期确定

由于经济形势、货币政策、信贷需求与供给以及银行自身经营变化最终形成银行一致情绪需要一定过程和时间，所以银行情绪共同成分的提取需要考虑原始指标的时期选择。为解决这一问题，本书参考了贝克和沃格勒（Baker & Wurgler，2006）合成市场情绪指数时的指标时期判断法，具体步骤为：首先，将 t 期与 $t-1$ 期银行家宏观经济热度指数、银行家宏观经济信心指数、贷款需求指数、货币政策感受指数、银行贷款审批指数、银行业景气指数和银行业盈利指数进行主成分分析，合成综合指数。其次，分别计算综合指标与每一个指标 t 期、$t-1$ 期数据序列的相关系数，通过相关性大小确定该指标选取 t 期还是 $t-1$ 期数据。最后，选取的原始指标为：$MPEI_{t-1}$、$BMCI_{t-1}$、BCI_{t-1}、LDI_{t-1}、$BMHI_t$、BEI_t 和 LAI_t。也就是说，本书中银行情绪变化实际上不仅反映了当季经济热度、银行盈利以及贷款供给方面信息，还反映了上一季度的银行家信心水平、货币政策变化感受、贷款需求情况和银行业经营状况。从相关数据发布与银行预期形成的实际情况来看，首先，经济人信心等主观心理因素一般具有延续性，因而中国的银行情绪中银行家上一期信心水平是银行当期情绪的重要构成；其次，中国货币政策具有较为严重的滞后性，因而银行部门对上一期货币政策的感受是当期银行情绪的来源；最后，当期贷款需求和银行经营状况数据一般在下一期才能完成统计并公布，而同期《银行家问卷调查报告》在每季度的最后一个月发布。数据统计和发布时间存在差异，导致银行情绪以上一期的贷款需求和银行经营状况为信息来源。总之，对原始指标进行时期先验和选择，能够更好地反映上述各类型信息传递并形成银行情绪的过程。

第二节　基于主成分分析法的银行情绪指数构建

一、主成分分析法

主成分分析法是研究中较为常用的情绪指数构造方法。该方法最早由贝克和沃格勒（2006）提出，与单一情绪代理指标相比，合成指标被证实能够更加全面反映多种情绪代理指标的共同成分和特征，因此合成指数方法在有关研究中运用最为广泛，大量研究在贝克和沃格勒（2006）的基础上构建和改进情绪指标（Fink et al., 2010；Kaplanski & Levy,

2010；Baker et al.，2012）。

主成分分析的核心思想在于降维，在损失很少信息的前提下把多个指标转化为几个不相关的综合指标。合成的每个主成分都是原始变量的线性组合，且各个主成分之间互不相关，其中每个主成分都能够反映原始变量的大部分信息，且所含信息互不重复。通过上述过程，主成分具有比原始变量更加优越的性能，从而达到简化系统结构，剔除冗余变量，可以获取更加科学有效的数据信息的目的。每个主成分包含的信息量大小用 F 的方差表示，即 $Var(F)$ 越大，那么该主成分包含的信息量越大。因此在所有的线性组合中所选取的第一主成分应该方差最大，包含的信息量也最大。如果第一主成分 F_1 不足以反映原来 p 个指标的信息，再考虑选第二个线性组合，即第二主成分 F_2，依次类推，可以得到第 p 个主成分。这些主成分间互不相关，且方差递减。

假设有 n 个样本，每个样本有 p 个指标。原始数据矩阵为 $\boldsymbol{X} = (X_1, X_2, \cdots, X_p)$，协方差矩阵为 $\boldsymbol{\Sigma}$，令协方差矩阵的特征值为 $\lambda_1 \geqslant \lambda_2 \geqslant \cdots \geqslant \lambda_p$，就有 $Var(F_1) \geqslant Var(F_2) \geqslant \cdots \geqslant Var(F_p)$，向量 $\boldsymbol{l}_1$，$\boldsymbol{l}_2$，$\cdots$，$\boldsymbol{l}_p$ 为对应的单位特征向量，则 $\boldsymbol{X}$ 的第 i 个主成分表示为：

$$\boldsymbol{Z}_i = \boldsymbol{l}'_i \boldsymbol{X} \quad (i = 1, 2, \cdots, p) \tag{3.1}$$

实际问题中总体协方差矩阵通常无法得知，这时一般运用其样本协方差矩阵 $\boldsymbol{S}$ 来代替。同时由于原始指标的量纲不同，所以在计算前往往要消除量纲的影响，进行数据标准化处理。此时 $\boldsymbol{S} = \dfrac{1}{n}\boldsymbol{X}'\boldsymbol{X}$，可以计算相关矩阵，从而得到特征值并进行主成分分析。原则上如果有 n 个变量，则最多可以提取出 n 个主成分。当然，如果将它们全部提取出来就失去了该方法简化数据的实际意义。通常采用的方法为依据累计方差大小提取 k 个成分（$k < n$）。一般前 $2 \sim 3$ 个主成分即可包含90%以上的信息，其他主成分可以忽略不计。

二、银行情绪指标合成结果分析

主成分分析方法的主要功能在于在损失较小信息量的前提下，从多个变量中提取出具有代表性的主要因子。进行主成分分析的前提是原始多个变量具有较强的相关关系，若变量之间相关性较弱，那么提取的主要因子则无法实现对原有信息的汇集和提取。因此在进行主成分分析之前，一般对原始变量进行相关性检验。常用方法为 KMO（Kaiser-Meyer-Olkin）检验和巴特利特（Bartlett test of sphericity）球形检验。KMO 检验结果取值范围在 0～1 之间，结果越大，则相关性越强，一般 KMO 检验结果大于 0.7 表明原指标适合进行线性变化。巴特利特球形检验结果若显示统计量的观测值较大，且通过显著性水平检验，说明原指标适合进一步做因子分析。原数据和进行时期调整后指标的检验结果见表 3－2。KMO 检验值期数调整之前为 0.571，调整之后为 0.714，该检验值的显著提高表明原变量在期数调整后相关性增强，更加适合进行主成分分析；调整前后巴特利特球形检验结果都通过显著性检验，拒绝相关矩阵不是单元矩阵的原假设，表明时期调整后的 7 个指标存在共同因素，适合进行主成分分析。

表 3－2   KMO 和巴特利特检验结果

变量	原始变量检验结果	期数调整后检验结果
KMO 取样适切性量数	0.571	0.714
巴特利特球度检验：		
近似卡方	408.392	329.754
自由度	21	21
显著性	0.000	0.000

本书对原始数据进行标准化处理后，运用 SPSS 20 进行主成分分析，银行情绪指数合成结果如下。为保证信息提取完整，本书提取特征值最大的 3 项主成分（见表 3－3），累计方差贡献率为 93.06%，这意味着合成指数能够涵盖 93.06% 的原数据信息量，损失的信息量在可接受范围内。根据程序结果得到的因子载荷矩阵和通过计算得到的各主成分系数见表 3－4。通过对提取主因子的方差贡献率进行归一化处理后，得到综合指标 *Sentiment* 作为反映银行情绪波动的代理变量。由于对指标进行了

当期和滞后一期的时期选择，因而最终 *Sentiment* 的样本区间为 2009 年第
2 季度至 2019 年第 3 季度。

表 3 - 3　　　　　　　主成分分析总方差分解结果

成分	初始特征值			提取平方和载入		
	合计	方差的%	累计%	合计	方差的%	累计%
1	4.313	61.608	61.608	4.313	61.608	61.608
2	1.351	19.296	80.905	1.351	19.296	80.905
3	0.851	12.155	93.060	0.851	12.155	93.060
4	0.256	3.654	96.713			

表 3 - 4　　　　　　　因子载荷矩阵和主成分系数矩阵

变量	因子载荷矩阵			主成分系数		
	成分1	成分2	成分3	成分1	成分2	成分3
$BMHI_t: X_1$	0.837	0.377	-0.169	0.403	0.324	0.409
$BMCI_{t-1}: X_2$	0.197	0.942	0.137	0.095	0.810	1.021
$BCI_{t-1}: X_3$	0.933	-0.047	0.291	0.449	-0.040	-0.051
$BEI_t: X_4$	0.937	-0.129	0.250	0.451	-0.111	-0.14
$LAI_t: X_5$	-0.616	-0.179	0.727	-0.297	-0.154	-0.194
$LDI_{t-1}: X_6$	0.948	-0.068	0.255	0.457	-0.059	-0.074
$MPEI_{t-1}: X_7$	-0.739	0.516	0.249	-0.356	0.444	0.559

第三节　银行情绪指数的特征分析

一、银行情绪指数的周期波动分析

本书构造的银行情绪指数具有典型的周期波动态势。银行情绪指数
是中国银行部门根据现有经济形势、货币政策、银行经营、贷款需求等
多方面经济信息形成的主观判断和预期。具体来看，当银行情绪指数持
续下行时，说明银行部门整体处于悲观情绪状态，银行部门有关的经营

决策将受到消极情绪引导；当银行情绪持续增长时，代表银行部门处于乐观情绪状态，银行部门有关的经营决策将受到积极情绪引导。由图 3 - 2 可以看出，银行情绪呈现周期波动态势，在 2008 年经济危机后银行情绪经历了相当长的恢复期，在 2011 年达到较为乐观的水平；在 2015 年中国经济下行之前，银行情绪指数已经呈现下行波动态势。银行情绪在 2012 ~ 2013 年、2017 ~ 2018 年出现了增长率大幅波动，意味着银行情绪在这两个时期从悲观状态转为持续乐观状态。纵观三次银行情绪波动，银行情绪波动的乐观峰值逐次降低，2018 年以来更是处于较为悲观水平，反映出银行情绪乐观动力不足，对未来预期较低。

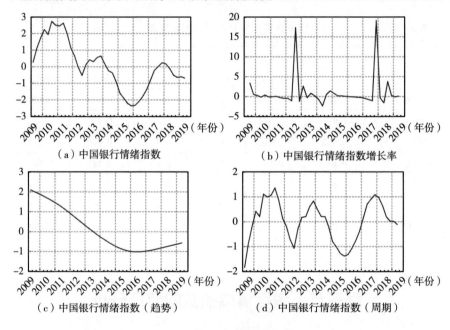

（a）中国银行情绪指数　（b）中国银行情绪指数增长率

（c）中国银行情绪指数（趋势）　（d）中国银行情绪指数（周期）

图 3 - 2　银行情绪指数

对银行情绪指数进行 HP 滤波处理后，可以分离出该指数的趋势成分和周期成分。趋势成分能够反映出银行情绪的潜在趋势情况，周期成分能够反映银行情绪对均衡状态的偏移情况。从银行情绪趋势变动可以看出，2008 年全球经济危机后银行情绪经历了较长的下行期，2016 年后才呈现出和缓的上升趋势，这表明经济危机后中国银行部门的情绪经历了漫长的信心重建过程，一定程度上削弱了金融体系对实体经济发展的支持效应。从 2017 年起，银行情绪指数呈现缓慢上升趋势，反映了银行情绪逐渐乐观，这可能与银行监管措施落地，监管日趋完善，金融体系改革初见成效，实体经济转型升级取得一定成果密切相关。

从银行情绪周期变动情况来看，银行情绪变化与当时经济、政策背景密切相关。2009～2012 年第一轮银行情绪周期波动中：2009～2011 年下半年，银行情绪逐渐恢复乐观。这一时期，为应对金融危机，中国实施货币、财政双宽松政策，并且投资 4 万亿元进行救市，这些措施有效遏制经济危机负面影响的同时，为银行业发展提供了相对宽松的发展环境，银行情绪也从经济危机后的悲观消极状态逐渐转化为乐观积极状态。2011 年宏观调控政策回归稳健，央行多次上调存款准备金率，虽然有效抑制了通货膨胀，但也对银行业影响巨大。加之宽松救市时期银行业扩张发展带来的风险开始逐步凸显，2011 年第 4 季度银行业不良贷款额和不良贷款率双双上涨。从 2011 年第 4 季度开始，银行情绪发生显著趋势转变，伴随 2012 年经济形势下行，银行消极情绪持续到年底。

2013～2015 年的第二轮银行情绪周期波动中：2013 年中国经济形势下行，宏观调控政策维持稳健，虽然经济环境和政策环境趋于平稳，巴塞尔协议下银行表内监管更为严格。但这一时期为了规避监管，银行金融创新工具更加复杂和丰富，2013 年中国影子银行规模迅速增长。据金融稳定委员会统计，2013 年中国影子银行规模已排名全球第三位[①]，伴随利率市场化推进，银行情绪在这一阶段持续积极乐观。自 2014 年起经济结构调整和改革不断深入，中国经济增速放缓，经济形势继续下行，2014 年新增信贷逐步收缩，银行情绪也自 2014 年起进入下行区间，2015 年中国经济形势更加严峻，生产成本升高、人口红利消失、国际贸易竞争加剧，中国实体经济受到重创，资本市场也十分动荡，2015 年 8 月 24 日、25 日，中国两市每日超 2000 股跌停。在多种因素影响下，银行情绪延续了上一年的下行趋势，在 2015 年末达到低谷。

2016～2019 年的第三轮银行情绪周期波动中：自 2016 年起在经济新

---

① 数据来源：http://business.sohu.com/20141031/n405638207.shtml。

常态下，经济形势趋于平稳，货币信贷政策较为宽松，经济去杠杆政策的影响下，银行大量发行同业理财，将资金转到表外后再对接委外，委外再加杠杆，导致金融风险向表外转移，中国影子银行规模进一步扩大，这一时期银行情绪呈现乐观状态。然而 2017 年以来，银行业金融创新发展的弊端逐渐显现，银行情绪驱动下的系统性风险加剧，有关部门加强对银行表外业务的监管和治理。2018 年，宏观审慎评估框架（MPA）将表外业务纳入监管，中国人民银行、银保监会、外管局和证监会四部门联合发布《关于规范金融机构资产管理业务的指导意见》，银行业表外业务面临严格监管，表外业务规模降低，银行情绪在这一阶段从积极状态转化为消极状态。

回顾银行情绪的三轮波动过程，银行情绪变化与经济形势、有关经济政策监管密切相关，同时也与银行业自身的经营和发展高度一致。这种同步性表明银行情绪不仅是银行体系运行中的一种内部信号，也是中国系统性金融风险的指示工具。

二、银行情绪指数的区制转换分析

情绪波动表现为乐观积极与消极悲观状态的相互转化，具有典型的周期转化特征。在不同时期，能够对银行情绪形成影响的经济形势、经济政策和银行业发展状况存在明显差异，因而银行情绪变化可能具有结构性变化特点。深入研究银行情绪的非线性特征，对于利用银行情绪指数进行进一步研究十分必要。马尔科夫区制转移模型（markov regime switching，MRS）是经济学研究中常用的时间序列结构性突变特征研究方法（Hamilton，1989；Perlin，2014）。该方法通过分析变量的机制转换，捕捉时间序列数据生成过程中的离散变化，实现对不同阶段下的波动特征以及各阶段之间的非线性转换进行合理刻画，是描述经济指标周期状态和阶段性变迁的一种重要手段。银行情绪波动也应该呈现上述转换规律，因而本书运用该模型对银行情绪指数周期成分的动态路径和非线性转化特征进行验证。

马尔科夫区制转移模型的参数变化依赖于服从马尔科夫随机过程的区制转化变量，区制之间的转换概率可以计算区制的持续期。例如，时间序列 y_t 的一个最简单 MRS 模型可以描述如下：

$$y_t = \alpha + \beta s_t + \sigma \mu_t \tag{3.2}$$

$$\Pr(s_t = 1 \mid s_{t-1} = 1) = p_{11} \tag{3.3}$$

$$\Pr(s_t = 0 \mid s_{t-1} = 0) = p_{00} \tag{3.4}$$

其中，s_t 为区制变量，$s_t = 1$ 对应"繁荣期"，$s_t = 0$ 则为"衰退期"。在估计式中的参数之后，可以计算得到"繁荣期"的滤波概率（filtered probability）$\Pr(s_t = 1 \mid \Delta y_1, \cdots, \Delta y_t)$ 和平滑概率（smoothed probability）$\Pr(s_t = 1 \mid \{\Delta y_1\}_{t=1}^{T})$。此时，如设定平滑概率的临界值，则可以进一步利用上述概率值将样本划分为"繁荣期"和"衰退期"。Hamilton（1989）对于"衰退期"的设定为 $\Pr(s_t = 1 \mid \{\Delta y_1\}_{t=1}^{T}) < 0.5$，其持续期可以通过公式 $D(s_t = 1) = 1/1 - p_{11}$ 计算。

本书根据情绪消极和积极状态将银行情绪进行两区制划分，对银行情绪指数序列划分出扩张（积极）和收缩（消极）两种状态，建立两区制马尔科夫区制转换模型。根据两种状态的转折点可以确定银行情绪转化周期，并对其周期特征加以分析。具体而言，建立 MSR 模型要求序列平稳，银行情绪指数周期成分序列通过 ADF 检验有一个单位根，是平稳序列。运用 AIC 法则确定模型滞后阶数为 4 阶，利用 Matlab 软件完成上述两区制模型的极大似然估计。模型估计的区制划分情况与转移概率矩阵结果见表 3 - 5。

表 3 - 5　　　　　　　　　银行情绪区制转化结果

状态	区制划分	转移概率矩阵	
		消极状态	积极状态
消极状态	2010Q4 ~ 2012Q4，2013Q4 ~ 2019Q3	0.92	0.26
积极状态	2009Q2 ~ 2010Q3，2013Q1 ~ 2013Q2	0.08	0.74

从平滑概率结果可以看出，两区制银行情绪划分十分清晰，银行情绪的区制转换过程稳定。两种状态的持续概率 p_{11} 和 p_{22} 分别为 0.92 和

0.74，据此可以计算出银行情绪处于消极状态的期望持续期为 12.33 个季度，处于积极状态的期望持续期为 3.90 个季度，这一结果意味着银行情绪在不同状态下具有持续性，状态转移需要一定时间。从状态转移概率来看，消极状态向积极状态转移的概率为 8%，积极状态向消极状态转化的概率为 26%，说明积极银行情绪更容易转化为消极情绪并保持这一状态。根据周期划分结果，银行情绪自 2009 年以来，经历了两次情绪转化周期，就状态累计时期来看，积极情绪为 9 个季度，消极情绪为 33 个季度，这表明银行情绪在经济危机后仍长期处于并不乐观的状态，这一结果与后危机时期世界各国情绪长期处于消极状态，导致经济复苏乏力的有关研究结论一致（Dow，2010；Kydland & Zarazaga，2016；Krishnamurthy & Muir，2017；Bordalo & Gennaioli）。

综上所述，本书构造的综合指数具有情绪周期转化特点，能够作为银行情绪代理指标。银行情绪指数显示银行情绪积极乐观状态和消极悲观状态交替出现，呈现周期波动规律。同时银行情绪还存在消极状态较长、积极状态较短的非对称性特征。通过分析银行情绪变化背后的经济形势和相关政策变动情况，可以发现银行情绪不仅是信贷体系变化的综合反映，也是中国系统性金融风险的指示工具。因此，应密切监测银行情绪的波动情况，前瞻性地运用各种经济金融干预手段，引导银行情绪在合理区间内转化，避免银行情绪过度消极对宏观经济和金融体系造成的破坏性影响。

第四节　本章小结

本章根据前面对银行情绪概念的分析与界定，利用中国《银行家问卷调查报告》结果作为基于主体的直接银行情绪数据来源，参考 BW 市场情绪指数合成方法，对银行情绪原始指标时期进行先验选择后，构建中国的银行情绪指数。根据银行情绪指数构建结果，对银行情绪的周期波动和区制转换特征进行分析。

　　本章主要结论如下：第一，银行情绪指数能够清晰划分两区制，具有明显区制转化特点，符合银行情绪存在乐观和悲观两种状态的本质特征。而且该指数能够较好地反映中国信贷供给变化，是较为合适的中国银行体系情绪代理指标，也可以将其视为银行业系统性风险的指示工具。第二，全球经济危机后，中国银行体系情绪经历三次周期波动过程。纵观三次银行情绪波动，波动的乐观峰值逐次降低，2018年以来，银行情绪更是处于较为悲观水平，反映出银行情绪乐观动力不足，对未来预期较低。对于银行情绪的消极状态应加以关注。有关部门应加强与银行部门的沟通交流，及时给予银行部门信心，引导银行情绪在合理区间转化。第三，银行情绪的变化与中国经济形势、经济政策和银行业自身发展密切相关，具有典型的顺周期特征。第四，中国的银行情绪具有较为明显的非对称性。2009年以来，银行情绪较长时期处于悲观状态，而且银行悲观情绪不容易转为乐观，这意味着银行消极情绪的影响更持久，并且可能对信贷供给和经济波动具有非对称影响。

▸▸ 第四章

银行情绪影响因素的实证检验

明确引起情绪波动的原因是情绪研究的重点和难点之一。其原因在于：一方面经济变量的变化能够引起情绪变化；另一方面情绪变化又会冲击经济变量，进而影响其波动路径。因此，只有明确各因素引发情绪波动的内在机理，探究银行情绪在不同因素影响下的反应情况，才能深入了解银行情绪波动在经济体系中真正发挥的作用。前面构造的银行情绪指数包含了迪恰克（1999）提出的基于知识和创造的理性"信心"成分和基于自发乐观主义的非理性"动物精神"成分。前面的理论模型分析表明，银行情绪与经济形势、政策变化以及不确定性密切相关，因此本章对可能影响我国银行情绪的货币政策变化、经济景气状况和经济政策不确定性因素进行实证研究，试图验证中国银行部门以经济基本面和货币政策变化等方面信息为基础，在不确定性因素影响下形成有限理性情绪的过程。

第一节　基于中国现实背景的银行情绪影响因素分析

根据前面分析，货币政策变动是引发银行情绪变化的重要因素。商业银行是货币政策传导的关键金融机构，是货币政策调控的最重要载体。因而货币政策是银行形成情绪和预期的重要参考。货币政策变化可能会导致有限理性银行过度反应，进而形成过度乐观或悲观情绪波动，最终影响政策调控效果（Ciccarelli et al.，2013；2015）。总体而言，货币政策通过调节银行信贷规模发挥逆周期调控效果，因而对银行情绪的影响也呈现反向特征。当银行情绪过度乐观时，为防范信贷规模非理性扩张，一般会采取紧缩性货币政策，如提高基准利率水平，降低货币供应量，向市场传达加强调控的信号，银行可贷资金减少，最终实现对银行情绪有效抑制和调控。当银行情绪过度消极时，为防范信贷规模迅速收缩，一般会利用扩张性货币政策，下调基准利率水平，提高货币供应量，释放出调控放松的信号，银行可贷资金增加，促进银行情绪向积极乐观变化。这一机制在各国货币政策实践中得以验证。

从各国实践来看，货币政策调控对银行情绪的作用十分明显。在次贷危机爆发之后，美国、欧洲和日本等国家（地区）央行纷纷采取积极的救援措施，通过扩张性货币政策保障流动性，及时给予市场信心，防止悲观情绪蔓延的调控措施有效遏制了经济危机负面影响的加深。例如，美国政府积极干预经济，接管"两房"稳定市场情绪的同时，实施了量化宽松政策，不仅防止次贷危机进一步扩大，还提高了美国民众及世界对美国经济的信心。中国也实行了大量的刺激市场信心、促进经济增长的措施，有效化解了经济危机的负面影响。全球经济危机后，中国货币政策经历了三次较为明显的方向转变，2009 年以来实施了较为宽松的货币信贷政策，其间银行情绪逐渐恢复到积极状态。但是从化解经济危机的货币政策实践效果来看，中国"四万亿"救市政策虽然取得了一定成效，但 2009~2010 年中国经济面临通货膨胀、产能过剩、银行信贷规模急剧扩张和产业结构有待优化等问题，复杂的经济形势同样影响了银行情绪稳定。受到 2015 年"股灾"的影响，中国金融体系监管趋于严格。为整治影子银行业务和其他金融乱象等，中国政府出台了十分严格的金融市场监管措施和偏紧的货币政策，这种政策的迅速出台有效遏制了金融体系加杠杆问题，但也对银行情绪造成较大冲击。2018 年来为防止断崖式去杠杆政策对经济稳定的影响，央行实施了"宽货币 + 紧信贷"的结构性宽松货币政策，这一政策的实施有效地减缓了银行情绪的下行趋势。国内外政策实践表明银行情绪变化受货币政策调控影响突出。

　　不确定性是经济人有限理性情绪波动的根源，经济政策不确定性对银行情绪的影响同样不容忽视。受模糊性规避和不确定性厌恶影响的经济人，在不确定性增加条件下会因为信息缺失或混乱，失去对风险的理性判断，容易在悲观情绪的作用下进行更加谨慎的决策行为（Ellsberg, 1926; Ilut & Schneider, 2014）。例如，艾因霍恩和霍加斯（Einhorn & Hogarth, 1981）运用可量化的心理学模型为此提供了经验支持。不确定性在经济运行过程中对个体影响明显，经济政策未来变动的不确定性是最具代表性的不确定性来源。经济政策不确定性的增加会导致市场参与者情绪趋于悲观，过度关注坏消息，忽视利好消息；经济政策不确定性的降低会导致市场情绪的盲目乐观，忽视不利信息和风险（Bird & Yeung, 2012）。一方面，在中国特殊经济背景下，经济政策不确定性导致市场情绪普遍敏感。在经历了近三十年的经济高速增长后，中国经济进入"增长速度换挡""结构调整面临阵痛"和"前期刺激政策有待消化"的"三期叠加"状态。特别是中国经济进入"新常态"后，为了实现稳增长、调结构、防风险等目标，中国政府大量运用组合政策，导致市场对于未来经济形势的预判难度增大，也导致市场信心不足，情绪敏感性增强。可见，当前宏观经济运行态势的特殊性导致经济政策不确定性对市场参与者情绪的冲击更为强烈。另一方面，银行情绪受到经济政策不确定性影响明显。中国政府运用政策干预经济运行的情况较常见，银行信贷作为重要货币政策调控渠道，其情绪变化依赖货币政策调控的同时，也对经济政策不确定性更为敏感。国内有关研究证明中国经济政策不确定性升高抑制了银行信贷供给（沈悦和马续涛，2017），提高了企业银行贷款成本（宋全云等，2019）。上述研究为经济政策不确定性升高将加剧银行情绪波动提供了经验证据，反映出经济政策不确定性作用下银行情绪能够扭曲信贷资金配置，不利于银行部门回归服务实体经济的本源。总之，在中国特殊经济形势下，经济政策不确定性对银行情绪应该存在明显驱动作用，能够引发情绪的非理性波动。

　　此外，经济景气水平是银行情绪形成的重要基础。银行情绪中理性"信心"成分受到经济基本面信息影响，宏观经济运行状况是"信心"形成的首要因素。经济人根据可获得的经济基本面信息形成情绪和预期，据此做出未来投资、消费、储蓄决策。银行部门作为社会资金融通的金融中介机构，在决策过程中对经济形势感知度和敏感度较高，经济运行态势与银行情绪转化存在内在关联。宏观经济是否景气直接影响银行对于未来收益和风险的判断，是银行业对外提供资金的重要参考依据。此外，在大量试图提取经济人非理性动物精神的研究中，采用的情绪指标与多种基本面指标正交的方法也反映出经济基本面信息对情绪理性成分的重要作用，详见肖韦和郭（2003）、博德里等（2011）和麦克莱恩和赵（2013）等。中国经济景气水平与银行情绪的变化趋势也为上述观点提供了证据。

从中国宏观经济景气一致指数与银行情绪指数图可以更清晰地看到，宏观经济与银行情绪有较强的波动一致性。[①] 由图 4 - 1 可以看出，在 2008

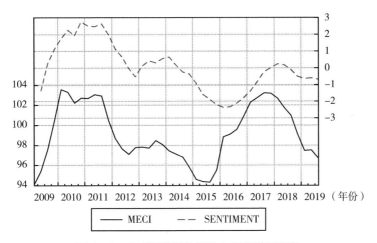

图 4 - 1　宏观经济景气指数与银行情绪指数
资料来源：宏观经济景气指数来源 WIND 数据库，银行情绪指数为前文测算结果。

---

　　① 该指数为中国国家统计局发布的宏观经济景气指数的子指数。宏观经济景气指数分为：预警指数、一致指数（1996 年 = 100）、先行指数（1996 年 = 100）和滞后指数（1996 年 = 100）。一致指数反映当前经济的基本走势；先行指数是由一组领先于一致指数的先行指标合成，用于对经济未来的走势进行预测；滞后指数是由落后于一致指数的滞后指标合成得到，它主要用于对经济循环的峰与谷的一种确认；预警指数是把经济运行的状态分为 5 个级别，"红灯"表示经济过热，"黄灯"表示经济偏热，"绿灯"表示经济运行正常，"浅蓝灯"表示经济偏冷，"蓝灯"表示经济过冷。

年经济危机后中国经济景气水平和银行情绪都经历了相当长的恢复期，2012 年和 2015 年中国经济形势急剧恶化，银行情绪指数也呈现同步下行波动趋势，从两者发生波动趋势转折的时点来看，经济景气水平要领先于银行情绪，这在一定程度上说明银行情绪变化受到经济形势变化的影响。这与经济人信心影响因素的有关研究观点一致（陈彦斌和唐诗磊，2009；刘树成，2015；宋杨和魏章志，2016）。

第二节　研究假设与实证方法

一、研究假设

银行情绪是银行基于现有信息的未来决策意图的综合反映，汇集了与之相关的其他市场变量信息。具体而言，银行以经济基本面信息和经济政策变化为理性判断的基础，而经济政策不确定性导致经济人对上述信息的加工过程出现认知偏差，最终形成有限理性情绪[①]。根据现有文献研究结果和中国经济实际情况，提出本章假设：银行情绪变化受到经济形势、货币政策和经济政策不确定性的影响。经济形势变化对银行情绪产生同方向影响，货币政策变化和经济政策不确定性对银行情绪产生反方向影响。

二、实证方案与方法

本书希望通过实证研究证明银行情绪具有以下形成过程：银行情绪以货币政策、经济景气状况为信息来源，受经济政策不确定性影响，形成有限理性银行情绪。为探究上述因素变化对银行情绪的影响，尤其是

---

① 虽然银行情绪的形成可以按照上述逻辑进行叙述，但是其具体形成过程并无先后顺序，是两种过程相互作用、相互叠加的结果。

明确本书中银行情绪指数的有限理性特点。具体实证方案如下：首先，运用多元线性回归模型，检验上述因素对银行情绪的影响。其次，在多元线性回归模型结果基础上，依据银行情绪转化特点，构建分位数回归模型。以此探究银行情绪不同状态下各因素对银行情绪的影响是否存在差异，这种差异性能够反映出银行情绪有限理性特征[①]。再次，为进一步研究上述因素对银行情绪的短期效应和长期效应，减少对数据降频处理导致的信息损失，本章运用混频格兰杰因果检验方法，分析上述各因素月度数据与银行情绪间在不同预测期的因果关系。最后，通过计算指标间相关系数和低频格兰杰因果关系验证上述结果的稳健性。

1. 多元回归模型设定

为检验上述影响因素，本书首先对货币政策变化、经济景气水平和经济政策不确定性因素进行多元线性回归分析。验证上述因素能否对银行情绪变化进行解释，测算各因素对银行情绪形成的影响程度。一方面考虑银行情绪是基于过去信息形成的预判；另一方面为消除模型内生性问题，加入模型的自变量为滞后一期数据。线性回归模型构建完成后，本书进一步运用分位数回归法研究银行情绪在不同水平受上述因素影响是否有所变化，若存在明显变化，则可以说明情绪不同状态影响了银行情绪对上述因素信息的获取，反映有限理性银行情绪对信息的加工过程。模型设定如下：

$$Sentiment = \beta_0 + \beta_1 \cdot MECI_{t-1} + \beta_2 \cdot M2_{t-1}$$
$$+ \beta_3 \cdot Shibor_{t-1} + \beta_4 \cdot SCMP_{t-1} + u \quad\quad (4.1)$$

2. 混频格兰杰因果检验

为了探究上述因素对银行情绪影响的持续性，本章进一步运用混频格兰杰因果检验方法（MFVAR）验证上述影响因素与银行情绪的因果关系。根据影响因素指标数据频次特点，混频方法能够利用上述影响因素指标月度数据，可以保留更多有效信息。根据设定混频模型预测期的长

[①] 本书按照分位数回归模型特点，对银行情绪极度悲观、相对悲观和相对平和状态进行了分析。

短，可以得到上述影响因素对银行情绪影响的短期和长期效应。[①] 该结果既能佐证各影响因素指标在高频状态是否对银行情绪存在影响，又能与线性回归分析结果结合，反映银行情绪形成过程中对上述影响因素信息的短期和长期获取状况。

格兰杰因果检验方法广泛地应用于经济学研究之中，用以甄别在一定概率下经济变量间是否存在因果关系，判断变量间的关联水平，是后续经济模型构建的重要参考依据。然而在实践过程中，格兰杰因果检验也出现许多问题，最为常见的是数据频率不一致问题。例如，《银行家问卷调查报告》季度数据与宏观经济变量月度数据的研究存在典型的原始数据频率差异。面对这种情况，研究过程中通常会对高频数据进行降频处理，如将季度内的月度数据进行加总、取平均值或保留最后月度数据作为该季度数据的替代值。显然，使用降频数据会造成变量间短期关系信息的损失。而且受降频方法选择的影响，检验结果可能存在准确性问题。为解决这一问题，格希尔斯（Ghysels，2016）提出混频格兰杰因果检验方法。与低频格兰杰因果检验方法相比，该方法能更好地还原高频过程中的因果模式，指标间因果关系信息更加丰富，在后续模拟分析和实证研究中被证明具有更高的局部渐进水平和检验功效（刘汉等，2016；袁铭和温博慧，2017）。

混频格兰杰检验的主要思想是将高频变量在对应的低频时间间隔内的多个观测值都视为新变量，将较低维数的混频模型化为高维的低频模型进行 OLS 回归，变量间不存在格兰杰因果关系的原假设转化成系数约束条件，因此可以通过构造 Wald 统计量检验因果关系。混频格兰杰检验以 MFVAR 模型为基础，本文首先对模型设定进行说明：$x_H(\tau_L, k)$ 是高频变量，$x_L(\tau_L)$ 是低频变量，$\tau_L \in \{0, \cdots, T_L\}$ 是低频时间标志，$k \in \{1, \cdots, m\}$ 是高频时间标志，m 是高频与低频数据频率之比，即两个低频间隔期内高频观测值的数量。例如，本书研究中低频变量为季度银行情绪变量；

---

① 银行情绪指数为季度数据，而宏观经济景气一致指数、货币政策工具指标和经济政策不确定性指数为月度数据。

高频变量为月度经济景气指数、货币政策代理指标和经济政策不确定性指数，因此月度与季度变量的频率之比为 $m = 12 \div 4 = 3$。

在双变量混频模型中，一个高频指标和一个低频指标可以堆叠成混频矩阵：

$$X(\tau_L) = \left[x_H(\tau_L, 1)', x_H(\tau_L, 2)', \cdots, x_H(\tau_L, k)', x_L(\tau_L)' \right] \quad (4.2)$$

如果该混频矩阵服从滞后 p 阶的 MFVAR(p) 过程（$p \geq 1$），那么就有：

$$X(\tau_L) = \sum_{k=1}^{p} A_k X(\tau_L - k) + \varepsilon(\tau_L) \quad (4.3)$$

公式（4.3）的展开形式为：

$$
\begin{bmatrix}
x_H(\tau_L, 1) \\
\vdots \\
x_H(\tau_L, m) \\
x_L(\tau_L)
\end{bmatrix}
=
\begin{bmatrix}
d_{11,k} & \cdots & d_{1m,k} & c_{(k-1)m+1} \\
\vdots & \cdots & \vdots & \vdots \\
d_{m1,k} & \cdots & d_{mm,k} & c_{km} \\
b_{km} & \cdots & b_{(k-1)m+1} & a_k
\end{bmatrix}
$$

$$
\times
\begin{bmatrix}
x_H(\tau_L - k, 1) \\
\vdots \\
x_H(\tau_L - k, m) \\
x_L(\tau_L - k)
\end{bmatrix}
+
\begin{bmatrix}
\varepsilon_H(\tau_L - k, 1) \\
\vdots \\
\varepsilon_H(\tau_L - k, m) \\
\varepsilon_L(\tau_L - k)
\end{bmatrix}
\quad (4.4)
$$

需要说明的是，MFVAR(p) 基本假设和平稳性条件与标准 VAR 模型一致。该模型不包含截距，因此需要使用标准化数据建模估计，这与埃拉克、福罗尼（Eraker et al.，2015；Foroni et al.，2013）将低频数据视为数据缺失的高频数据的参数驱动模型设定和估计方法有所不同。该模型更加适合格兰杰因果关系检验，高频与低频数据间的格兰杰因果关系检验的原假设为：

假设 1：高频变量 x_H 不是低频变量 x_L 的格兰杰原因。

假设 2：低频变量 x_L 不是高频变量 x_H 的格兰杰原因。

公式（4.4）中的参数估计结果，可以转化为上述原假设的估计结果。拒绝原假设 1 的成立条件为：当且仅当 $b_{km} = \cdots = b_{(k-1)m+1} = 0$。拒绝原假设 2 的成立条件为：当且仅当 $c_{(k-1)m+1} = \cdots = c_{km} = 0$。

由于 MFVAR 模型堆积了一个低频区间内多个高频变量值，变量可能存在多期格兰杰因果关系，为了检验混频数据间不同时期的因果关系，可以将 MFVAR(p) 模型加入预测步长 h，扩展为 MFVAR(p,h) 模型：

$$X(\tau_L + h) = \sum_{k=1}^{p} A_k^{(h)} X(\tau_L + 1 - k) + \xi^{(h)}(\tau_L) \qquad (4.5)$$

公式（4.3）与公式（4.5）的参数换算关系可以表示为：$A_k^{(1)} = A_k$，$A_k^{(i)} = A_{k+i-1} + \sum_{l=1}^{i-1} A_{i-l} A_k^{(l)}(i \geq 2)$。残差间换算关系为 $\xi^{(h)}(\tau) = \sum_{k=0}^{h-1} \psi_k \varepsilon(\tau_L - k)$。对 h 期混频变量间的因果关系的检验可以转化为对公式 4.6 中如下系数约束：

$$H_0(h): Rvec[B(h)] = r \qquad (4.6)$$

其中 $B(h) = [A_1^h, \cdots, A_p^h]'$，是模型（4.3）的系数矩阵；$R$ 为行满秩选择矩阵，r 是约束向量，如果混频变量间不存在格兰杰因果关系，那么约束向量为 0 向量。

根据公式（4.3）和公式（4.5）的系数和残差估计结果以及公式（4.6）的约束条件和其他假设条件，可以构建 Wald 统计量[1]：

$$W_{T^*} \equiv T^* (Rvec[\hat{B}(h)] - r)' \cdot (R \widehat{\textstyle\sum}_p(h) R')^{-1} \cdot (Rvec[\hat{B}(h)] - r)$$

$$\qquad (4.7)$$

其中，$T^* = T - h + 1$ 是 MFVAR(p,h) 模型的有效样本大小，$\hat{B}(h)$ 为 MF-VAR(p,h) 模型的最小二乘估计系数；$\widehat{\sum}_p(h)$ 是对应方差的一致估计量。

对于混频格兰杰因果关系显著性水平的检验，本书参考迪富尔（Dufour，2006）、刘汉等（2017）的研究，运用参数 Bootstrap 方法获得样本量为 N 的伪残差[2]。根据公式（4.4）估计出系数 $\hat{B}$（h）和公式（4.5）中对原假设施加的约束构建 N 次带有约束的系数 $B(h)$，得到公式（4.3）

---

[1] 具体分析过程参见格希尔斯（2016）。

[2] 此处假设残差为服从 $\tilde{\varepsilon}_i(\tau_L)^{i.i.j} \sim N(0, \hat{\Omega})$ 的正态分布，$\hat{\Omega}(1/T_L^*) \sum_{T_L}^{T_L^*} \hat{\varepsilon}(\tau_L)\hat{\varepsilon}(\tau_L)'$，$\hat{\varepsilon}(\tau_L)$ 是公式(4.4)的估计残差。

中的残差 $\xi^{(h)}(\tau) = \sum_{k=0}^{h-1} \hat{\psi}_k \tilde{\varepsilon}(\tau_L - k)$，其中 $\hat{\psi}_k$ 为经过公式（4.2）和公式（4.3）实际估计出的系数。根据上述 Bootstrap 法获得的数据可以得到混频格兰杰因果性检验的统计量。

最后，通过对每次 Bootstrap 估计出的 Wald 统计量 $W_i[H_0(h)]$ 来计算格兰杰因果检验的显著性水平，原假设 $H_0(h)$ 下的 Wald 统计量的显著性水平公式为：

$$\hat{p}_N\{W_{T_L^*}[H_0(h)]\} = \frac{1}{N+1}\{1 + \sum_{i=1}^{N} I(W_i[H_0(h)])\} \geqslant W_{T_L^*}[H_0(h)]$$

（4.8）

因此，在给定置信水平 α 下，若 $\hat{p}_N\{W_{T_L^*}[H_0(h)]\} \leqslant \alpha$，表明原假设不成立，鉴于本书研究中样本量较小，采用 Bootstrap 构建 1000 个样本，进行 499 次自举获得 Wald 统计量和 P 值。

第三节　变量选取与处理

一、指标选取

1. 银行情绪

本章银行情绪指标运用前面构建的银行情绪指数。该指数是银行基于现有经济形势、货币政策等方面信息形成的，能够反映银行未来决策意图的情绪变量。

2. 经济景气水平

本书选取中国宏观经济景气一致指数作为反映经济发展水平的代理指标。该指数是中国国家统计局发布的宏观经济景气指数的子指数，具体由工业生产、就业、社会需求（投资、消费、外贸）、社会收入（国家税收、企业利润、居民收入）四个方面合成，能够较为全面精准地刻画中国宏观经济发展状况，是能够较好地反映经济基本面信息的代理指标。

宏观经济景气一致指数常被用于衡量经济周期波动和宏观经济运行状况（邓创和徐曼，2014；于震和丁尚宇，2019）。本书采用该指标作为银行情绪的经济基本面信息来源指标。

3. 货币政策变化

本书货币政策变动情况采用货币政策价格和数量两类指标进行刻画。其中，M2 作为数量型货币政策工具指标，银行间同业拆借利率作为价格型货币政策工具指标[①]。本书采取两种货币政策代理指标的原因是：M2 作为传统货币政策代理指标，能够从数量上反映出货币政策的变动状况。但近年来，中国经济体制和金融体系改革不断深化，中国货币创造机制也随之变化，伴随利率市场化的推进，货币政策数量调控有效性下降（潘长春和李晓，2018）。当前中国货币政策正处于从"数量型"向"价格型"转型过程之中，利率价格调控有效性逐步凸显，因此本书将利率也纳入影响因素考察范围。考虑到数据可得性，具体采用上海银行间同业拆借利率作为价格型货币政策代理指标。

4. 经济政策不确定性

经济政策不确定性运用贝克等（2016）构建的中国经济政策不确定性指数衡量。该指数以香港《南华早报》新闻为信息集，通过自动检索的方式进行识别。检索内容为是否同时包含"政策"和"政府"以及中国经济不确定性文本内容[②]。若上述条件都满足，则按照新闻日期计入经济政策不确定性对应月份的累计频次。随后，将识别出的文章数量除以

---

① 事实上，货币政策价格工具更恰当的指标为 LPR。LPR 是贷款基础利率（loan prime rate）的简称，指商业银行对其最优质客户执行的贷款利率，其他贷款利率可在此基础上加减点生成。央行在 2013 年 7 月全面放开金融机构贷款利率管制，随后创设了 LPR。2019 年 8 月，人民银行实施 LPR 制度改革，改革后 LPR 从报价频率、报价方式、期限品种、报价行数量等多个方面做出调整，并要求各银行在新发放的贷款中主要参考 LPR 定价，并在浮动利率贷款合同中采用 LPR 作为定价基准，而且中国人民银行将把银行的 LPR 应用情况及贷款利率竞争行为纳入宏观审慎评估（MPA），督促各银行运用 LPR 定价，新制度下的 LPR 变动更能体现利率市场化水平，也对银行贷款行为的调控效果也更显著。但受限于数据可得性，本书仍采用银行间同业拆借利率作为货币政策价格工具。

② 计入经济政策不确定性频次的组合文本包括：a. 政策、支出、预算、政治、利率或改革；b. 政府、北京或当局；c. 税收、监管、赤字、央行、中国人民银行、PBOC 或 WTO 等。

当月刊发的文章总数量，将其标准化为均值100的中国经济政策不确定性指数。相比早期政策不确定性研究中选取的政府换届、偶发政治事件和官员职务变动等指标（Waisman et al.，2015；Liu et al.，2017；罗党论和佘国满，2015），经济政策不确定性指数具有连续性强，比较口径一致的优点，成为近年来国内外经济政策不确定性研究中应用较为广泛的代理指标（Francis et al.，2014；Brogaard & Detzel，2015；李凤羽和杨墨竹，2015；宋全云等，2019）。本书采用该指标衡量中国经济政策不确定性程度，检验经济政策不确定性对银行情绪的影响。

二、数据处理

受原始数据可得性和指标构建方法的限制，本书中银行情绪指数为季度数据。本章混频格兰杰因果检验的数据除银行情绪外均为月度数据，线性回归和稳健性分析加入模型的为上述变量的季度数据。具体降频过程如下：中国宏观经济景气一致指数通过计算当季月份数据平均值获得季度数据，[①] 货币政策数量指标和经济政策不确定性指数选取每季度最后一个月数据得到季度数据。货币政策价格指标季度数据通过将季度内每月银行间同业拆借加权平均利率（隔夜）与当月银行间同业拆借成交量（隔夜）进行加权平均计算得到银行间同业拆借季度加权平均利率。上述指标数据来源如下：中国宏观经济景气一致指数和货币供应量来源于Wind 数据库，银行间同业拆借加权平均利率（隔夜）与当月银行间同业拆借成交量（隔夜）来源于中经网数据库，经济政策不确定性指数来源：http：//www. policyuncertainty. com/scmp_monthly. html。

由于中国宏观经济景气一致指数、货币供应量、同业拆借利率、经济政策不确定性指数序列数据包含季节成分和不规则成分，首先对数据进行 X - 12 季节调整。在线性回归分析中，为保留更多信息，保证变量

---

① 中经网数据库发布的宏观经济景气指数仅公布2015年后调整数据，为保证数据连贯性，本书选取 Wind 数据库内数据。

间数量差异在合理范围内，并且消除异方差，对宏观经济景气一致指数、M2、银行间同业拆借利率和经济政策不确定性指数取自然对数，分别用 *MECI*、*M2*、*SHIBOR*、*SCMP* 表示。加入混频格兰杰因果检验的月度数据，一阶对数差分处理后乘以100，满足模型无常数项设定的同时，缩小指标间量纲差异，加入模型的指标分别用 *MECI*（*M*）、*M2*（*M*）、*SHIBOR*（*M*）、*SCMP*（*M*）表示。

　　本章季度数据样本区间均为2009年第2季度至2019年第3季度，对应的月度数据样本区间为2009年4月至2019年9月，所有数据处理与计算运用 Eviews 10 完成。数据描述性统计结果见表4－1，多元线性回归模型和混频格兰杰因果检验要求加入模型的序列为平稳序列，数据平稳性检验结果见表4－2，本章加入模型的指标均为平稳序列。

表4－1　　　　　　　　　　　　描述性统计

季度数据	*MECI*	*M2*	*SHIBOR*	*SCMP*	*Sentiment*
均值	4.598	13.953	0.875	5.33	0.033
中间值	4.593	14.002	0.946	5.074	−0.008
最大值	4.640	14.486	1.327	6.929	2.748
最小值	4.547	13.245	−0.135	3.836	−2.364
标准差	0.029	0.371	0.329	0.820	1.431
偏度	−0.016	−0.314	−1.017	0.197	0.227
峰度	1.810	1.893	3.858	2.184	2.325
J－B 统计量	2.478	2.836	8.530	1.437	1.158
概率	0.290	0.242	0.014	0.487	0.560
样本量	42	42	42	42	42
月度数据	*MECI*（*M*）	*M2*（*M*）	*SHIBOR*（*M*）	*SCMP*（*M*）	
均值	0.020	1.073	0.833	1.117	
中间值	−0.054	0.898	0.242	5.811	
最大值	4.853	4.869	60.428	165.606	
最小值	−1.567	−0.060	−58.495	−176.689	
标准差	0.650	0.682	16.185	48.113	
偏度	3.159	1.972	−0.249	−0.138	
峰度	25.538	9.781	6.578	4.652	
J－B 统计量	2922.113	328.166	69.615	14.973	
概率	0.000	0.000	0.000	0.001	
样本量	128	128	128	128	

表 4 – 2　　　　　　　　　　　　平稳性检验

变量	ADF 类型	临界值	ADF 统计量	结果
Sentiment	(0, 0, 4)	– 1.611 *	– 1.803	平稳
MECI (*M*)	(C, 0, 1)	– 2.579 ***	– 5.162	平稳
M2 (*M*)	(C, 0, 2)	– 2.579 ***	– 5.156	平稳
SHIBOR (*M*)	(C, 0, 1)	– 2.579 ***	– 10.581	平稳
SCMP (*M*)	(C, T, 1)	– 3.148 *	– 14.811	平稳
MECI	(C, 0, 3)	– 2.609 *	– 2.799	平稳
M2	(C, 0, 6)	– 2.948 **	– 3.060	平稳
SHIBOR	(C, 0, 0)	– 2.935 **	– 2.973	平稳
SCMP	(C, T, 0)	– 3.193 *	– 3.459	平稳

注：其中检验形式（C, T, K）分别表示单位根检验方程包括常数项、时间趋势和滞后项阶数；*** 、** 和 * 分别表示在 1% 、5% 和 10% 显著水平下通过检验。

第四节　银行情绪影响因素的实证结果分析

一、多元回归模型结果分析

1. 多元线性回归结果分析

　　银行情绪受到货币政策变化、经济景气情况和经济政策不确定性影响的多元线性回归结果见表 4 – 3 的模型 1。结果显示，银行情绪的形成受到数量型货币政策、经济景气水平、价格型货币政策和经济政策不确定性的显著影响，模型拟合优度较高，表明上述因素能对银行情绪的形成做出较好的解释。从回归系数正负可以看出，经济景气情况会引发银行情绪的同方向变动，前一时期经济形势的良好运行有利于银行情绪保持乐观积极状态，此时乐观情绪能够促进未来经济向好运行，形成银行情绪的正向自我实现效应。而前一期经济形势的下行会导致银行情绪向消极悲观转化，形成负向自我实现效应。银行情绪与数量型货币政策为显著负相关关系，数量型货币政策的变化会导致一个季度后银行情绪的反向变动，反映了中国数量型货币政策调控具有显著的逆周期特征。银行情绪与价格型货币政策指标为显著正相关关系，利率价格上调能够有效催生乐观银行情绪，表明随着利率市场化改革的推进和基本完成，中国价格型货币政策有效性逐渐显现。银行情绪与经济政策不确定性指数呈显著负相关关系，表明经济政策不确定性上升，银行会产生消极情绪，在消极情绪影响下未来信贷决策可能审慎评估风险，导致信贷规模收缩，从而对经济形成负面影响。

为了进一步对比上述各因素在银行情绪形成中的重要程度，本书还计算了标准化回归系数，以此衡量因变量的相对重要性。从回归结果可知，银行情绪形成过程受上述因素影响相对大小依次为数量型货币政策变动、宏观经济景气水平、价格型货币政策和经济政策不确定性。这表明银行情绪形成主要依赖数量型货币政策变动和宏观经济景气水平。对比货币政策指标对银行情绪影响的相对大小可以看出，数量型货币政策仍是银行情绪形成的主要影响因素。此外，经济政策不确定性对银行情绪的影响相对较小，反映出银行情绪虽然具有有限理性特征，但银行预期仍以可获得的货币政策和经济变化信息为主要依据。

从多元线性回归结果来看，银行情绪以数量型货币政策变化和经济景气情况作为未来决策意愿的判断基础，同时经济政策不确定性也会影响银行情绪的形成。经济政策不确定性对银行情绪的影响一定程度上反映出情绪的主观特征。但是考虑到上述结果中经济政策不确定性的影响相对较小，本章继续运用分位数回归模型进行深入分析，探究银行情绪在不同状态下受上述因素的影响情况，据此分析银行情绪对上述信息的主观加工过程，为本书有限理性银行情绪的形成找寻更多证据。

2. 分位数回归结果分析

本书在表4-3中模型1的基础上进行分位数回归。利用银行情绪乐观悲观变化的特点，分析不同银行情绪水平下，各种因素对银行情绪的影响情况是否存在差异，结果见表4-3的模型2。银行情绪指数在某一时期较小，表明该期银行情绪较为低迷，具体采用20%、40%、60%和80%分位数进行回归，20%以下表明银行情绪处于极度的悲观状态。随着分位点的扩大，逐渐将乐观情绪数据纳入模型，40% 分位点表示银行情绪相对悲观阶段。本书重点关注上述两分位点银行情绪与各影响因素回归系数变化，对比分析不同情绪状态下银行情绪的信息获取和不确定性作用情况。

表 4 - 3　　　　　　　　　　　　　多元回归结果

变量	模型 1		模型 2			
解释变量	非标准化系数	标准化系数	p20	p40	p60	p80
常数项	- 79.43 *** (3.478)		- 75.827 *** (5.336)	- 75.113 *** (6.337)	- 84.806 *** (5.708)	- 101.985 *** (5.174)
MECI	25.528 *** (0.568)	0.517	24.788 *** (0.907)	24.851 *** (1.078)	26.605 *** (0.971)	29.713 *** (0.880)
M2	- 2.724 *** (0.067)	- 0.704	- 2.708 *** (0.113)	- 2.816 *** (0.134)	- 2.681 *** (0.120)	- 2.441 *** (0.109)
SHIBOR	0.733 *** (0.017)	0.168	0.646 *** (0.060)	0.765 *** (0.071)	0.659 *** (0.064)	0.472 *** (0.058)
SCMP	- 0.109 ** (0.006)	- 0.062	- 0.192 *** (0.023)	- 0.104 *** (0.027)	- 0.125 *** (0.024)	- 0.162 *** (0.022)
$\overline{R}^2$	0.962					

注：样本区间为 2009Q2 ~ 2019Q3，估计方法为 OLS；括号内为通过 Newey-West 方法调整的异方差与自相关一致标准差；*** 、** 分别表示在 1% 、5% 的显著性水平下显著。

对比同一指标不同分位点回归结果。银行情绪极度悲观时，银行情绪与经济政策不确定性负相关关系最强，与经济景气情况正相关关系最弱，这说明银行情绪极端状态下，银行情绪对经济基本面信息的依赖性降低，受经济政策不确定性影响加剧。即当银行情绪极度悲观时，经济基本面信息对银行情绪的促进作用有所减弱，该结果较为明确地体现出银行情绪的非理性特点。此外，经济景气情况与银行情绪的相关系数随着分位点增大而增大，一定程度上反映出乐观银行情绪对积极经济基本面信息的依赖较高。当银行情绪处于相对悲观状态时，与货币政策相关性较强，当银行情绪乐观数据增加时，这种相关性减弱。这说明当银行情绪悲观时，情绪变化更加依赖货币政策有关信息，体现出我国货币政策对银行情绪的调控在相对悲观状态下更有效。考虑到银行情绪在2009年以来处于悲观情绪状态的阶段较长，这一时期货币政策对银行情绪的调控作用较为有效。然而，考虑到货币政策变动是银行情绪的最主要影响因素，这种悲观状态下的相关系数增大的结果也表明在悲观状态下银行情绪对货币政策调控的依赖性和敏感性更强，银行可能会过度解读政策变化，形成极端情绪波动，最终导致政策调控目标与结果出现较大偏差。

上述研究结果表明，银行情绪具有典型的有限理性特点。虽然银行情绪的形成依赖货币政策变化和经济景气信息，但不同银行情绪状态下对上述信息的获取情况存在明显差异。这意味着在不确定性影响下形成的银行情绪具有明显的主观性，本书中的银行情绪指数符合银行情绪定义。根据上述研究结论，引导银行情绪在合理区间内波动，尤其是防范和化解极端银行情绪。首先，需要有关部门灵活调整并及时对外发布货币政策措施，降低经济政策不确定性对银行情绪的负面影响。其次，还需要重点防范银行部门对相关政策变化的过度解读和过度反应，加强与银行部门的沟通与交流，保证调控结果可控且有效。此外，还需注意经济形势景气向好容易引发银行情绪过热，因而一方面需要良好的经济运行态势；另一方面也需要对银行情绪进行合理引导，防范银行因经济基本面向好产生的盲目乐观和忽视风险。

二、混频格兰杰因果检验结果分析

进一步运用混频格兰杰因果检验方法分析上述影响因素对银行情绪的影响周期。由于本书样本区间较短，根据 AIC 和 BC 信息准则判断结果，为尽量减少自由度损失，同时防止滞后期过短导致信息损漏（刘汉等，2016）[①]，确定模型滞后 1~2 阶，预测期为 1~4 期、8 期和 12

---

① 刘汉、王永莲、陈德凯：《混频 Granger 因果关系检验的功效和稳健性分析》，载于《数量经济技术经济研究》2017 年 34 辑第 10 期，第 144-160 页。

期，以此测度一个变量对另一个变量影响的短期效应和长期效应。检验结果见表4-4。

表4-4　　　　　　　　　　　混频格兰杰因果检验结果

原假设	滞后阶数	预测期					
		$h=1$	$h=2$	$h=3$	$h=4$	$h=8$	$h=12$
$Sentiment \nrightarrow$ $MECI(M)$	1	0.138	0.026 **	0.027 **	0.143	0.764	0.595
	2	0.312	0.274	0.510	0.446	0.867	0.978
$MECI(M) \nrightarrow$ $Sentiment$	1	0.001 ***	0.032 **	0.022 **	0.047 **	0.592	0.852
	2	0.200	0.175	0.104	0.124	0.539	0.987
$Sentiment \nrightarrow$ $M2(M)$	1	0.495	0.489	0.307	0.412	0.181	0.479
	2	0.364	0.429	0.649	0.848	0.923	0.610
$M2(M) \nrightarrow$ $Sentiment$	1	0.489	0.646	0.541	0.833	0.916	0.688
	2	0.904	0.756	0.999	0.991	0.873	0.531
$Sentiment \nrightarrow$ $M2(M)(-4Q)$	1	0.867	0.821	0.904	0.886	0.826	0.396
	2	0.969	0.590	0.992	0.891	0.500	0.904
$M2(M)(-4) \nrightarrow$ $Sentiment$	1	0.076 *	0.267	0.446	0.469	0.611	0.486
	2	0.040 *	0.304	0.061 *	0.143	0.598	0.836
$Sentiment \nrightarrow$ $SHIBOR(M)$	1	0.371	0.113	0.086 *	0.075 *	0.567	0.771
	2	0.233	0.864	0.989	0.641	0.991	0.931
$SHIBOR(M) \nrightarrow$ $Sentiment$	1	0.020 **	0.082 *	0.196	0.331	0.283	0.847
	2	0.050 **	0.010 *	0.269	0.268	0.055	0.982
	2	0.877	0.479	0.432	0.423	0.549	0.870
$Sentiment \nrightarrow$ $SCMP(M)$	1	0.618	0.499	0.396	0.019 **	0.043 **	0.179
	2	0.658	0.362	0.280	0.092 *	0.111	0.856
$SCMP(M) \nrightarrow$ $Sentiment$	1	0.050 *	0.099 *	0.026 **	0.048 **	0.756	0.902
	2	0.587	0.464	0.484	0.301	0.828	0.888

注：原假设 A $\nrightarrow$ B 表示，A 不是 B 的格兰杰原因，表中给出的是 bootstrap 计算出的显著性水平 P 值。***、** 和 * 分别表示在1%、5%和10%的显著性水平下显著。

从银行情绪与各因素的混频格兰杰因果检验结果可以看出：

1. 银行情绪与货币政策因素

银行情绪与两个货币政策指标的混频格兰杰因果关系检验中，银行情绪与价格型货币政策的检验结果表明，在短期和长期（$h=1$、2、8）、滞后 1~2 阶以及 10% 显著性水平下拒绝银行间同业拆借利率不是银行情绪格兰杰原因的原假设，说明价格型货币政策变动会在短期和长期显著影响银行情绪，在中期（$h=2~3$）、滞后 1 阶以及 10% 显著性水平下拒绝银行情绪不是银行间同业拆借利率格兰杰原因的原假设，表明银行情绪变动会在 2 个季度后反馈到信贷市场利率变动中，这种影响具有一定的持续性。银行情绪与数量型货币政策的检验结果可以看到，在样本区间内银行情绪与广义货币量变动双向接受原假设，即两者间不存在显著影响。考虑到中国货币政策具有较强时滞性，此处进行滞后 4 个季度的 M2 与银行情绪指数进行跨期检验①，短期（$h=1$）、滞后 1 阶及 10% 显著性水平下和滞后 2 阶及 5% 显著性水平下拒绝滞后 M2 指数不是银行情绪格兰杰原因的原假设，说明货币政策对银行情绪存在影响，但具有明显滞后性。结合线性回归结果，数量型货币政策对银行情绪具有显著反向调控作用，但存在严重滞后性，因此调控目标与调控效果可能存在偏差，这也是长期以来中国数量型货币政策有效性被质疑的主要原因。相比之下，价格型货币政策对银行情绪的影响更加明显和迅速，这表明随着利率市场化的推行，价格型货币政策有效性不断提升。

2. 银行情绪与经济政策不确定性因素

银行情绪与经济政策不确定性指数的混频格兰杰因果关系检验中，经济政策不确定性不是银行情绪格兰杰原因的原假设检验结果在短中期（$h=1~4$）、滞后 1 阶以及 10% 的显著性水平下拒绝原假设，表明银行情绪受经济政策不确定性影响在短期和中期均较为显著。结合前面结果可知，银行情绪受到经济政策不确定性的反向影响，而且这种影响具有较明显的短期和中期效应，经济政策不确定性对银行情绪的影响能持续一年左右。这表明经济政策不确定性对银行情绪的影响较为深远，考虑到银行情绪在极度悲观状态下与经济政策不确定性的相关性更强，有

---

① 由于本书样本量较少，直接采取较长滞后期后模型无法估计，故此处选择 M2 指标滞后 1~4 个季度数据进行与银行情绪指标的跨期检验，检验结果表明滞后 4 个季度的 M2 指标与银行情绪指数检验结果通过显著性水平检验，该指标表示为 $M2(M)(-4Q)$。

关部门应重视政策不确定性对银行情绪的持续负面影响，尤其是要防范极度悲观状态下，经济政策不确定性导致银行过度悲观和恐慌的现象。

3. 银行情绪与经济景气水平因素

银行情绪与宏观经济一致指数的混频格兰杰因果关系检验中，宏观经济一致指数不是银行情绪格兰杰原因的检验结果在短中期（$h = 1 \sim 4$）、滞后 1 阶以及 5% 显著性水平下拒绝原假设，表明银行情绪在短期和中期受宏观经济形势推动。银行情绪不是宏观经济一致指数格兰杰原因的检验结果在中期（$h = 2 \sim 3$）和滞后 1 阶以及 5% 显著性水平下拒绝原假设，表明银行情绪变化会在 1 个季度后对宏观经济产生冲击。银行情绪与宏观经济存在较为显著双向传导机制，如前所述，经济景气水平变化会引发情绪的同向变化，这种双向传导的同向变动机制会增强情绪的自我实现效应，容易引发顺周期性的极端银行情绪波动。

第五节　银行情绪影响因素的稳健性分析

一、相关性分析

为了保证银行情绪与各因素关联性结果稳健，本书分别采用参数和非参数相关系数方法，计算银行情绪与各影响因素指标的相关关系，结果见表 4 - 5。三种相关性方法虽然具体相关系数略有差异，但总体来看与前面理论分析和实证研究结果基本一致。银行情绪与宏观经济一致指数、同业拆借利率为显著正相关关系，这表明宏观经济和价格型货币政策与银行情绪具有同方向变动关联性，银行情绪与 M2、经济政策不确定性指数为显著负相关关系，这表明数量型货币政策以及经济政策不确定性与银行情绪具有反向变动关联性。该结果与多元线性回归和分位数回归结果一致。

表 4 - 5 相关性结果

变量	参数方法	非参数方法	
	Pearson 系数	Kendall 的 tau_b 系数	Spearman 的 rho 系数
Sentiment 与 MECI	0. 542 ***	0. 364 ***	0. 473 ***
Sentiment 与 M2	- 0. 626 ***	- 0. 436 ***	- 0. 625 ***
Sentiment 与 SHIBOR	0. 25	0. 278 ***	0. 313 **
Sentiment 与 SCMP	- 0. 452 ***	- 0. 319 ***	- 0. 485 ***

注：*** 、** 分别表示在1% 、5%的显著性水平下显著。

二、低频格兰杰因果检验分析

为保证混频格兰杰因果检验结果稳健，本书对银行情绪与各影响因素的低频格兰杰因果关系进行验证。为研究指标间影响的持续情况，本书检验了指标间滞后 1 - 4 阶的格兰杰因果关系，加入模型的变量与线性回归分析模型的变量一致，检验结果见表 4 - 6。低频格兰杰因果检验结果表明：经济景气情况与银行情绪存在稳定的格兰杰因果关系，经济景气情况变动对银行情绪变动的影响能够持续 3 个季度，银行情绪变动引发的经济景气波动持续期较短（1 个季度）。货币政策与银行情绪的检验结果可以看出，价格型货币政策变动对银行情绪变动的显著影响在滞后 1 期和滞后 3 期，表明价格型货币政策对银行情绪存在 1 个季度的短期影响和半年以上的中期影响，而数量型货币政策对银行情绪变化存在短期影响（1 个季度）。两相比较，价格型货币政策对银行情绪的影响更为持久。银行情绪变动对价格型货币政策的影响集中在滞后 3、4 期，这表明银行情绪虽然短期不会对货币价格产生影响，但从长期来看银行情绪变化还是会反映到价格型货币政策的调整之中，而银行情绪变化对传统数量型货币政策变动的影响并不显著。经济政策不确定性与银行情绪不存在低频格兰杰因果关系，表明对经济政策不确定性的降频处理损失了经济政策不确定性影响银行情绪的有效信息。因而可以推断，经济政策不确定性对银行情绪的影响可能要比线性回归分析结果更大，银行情绪的有限理性程度可能更强。

综上所述，本书主要研究结论具有稳健性。

表 4 - 6   低频因果检验结果

原假设	滞后 1 期	滞后 2 期	滞后 3 期	滞后 4 期
$MECI \nrightarrow SENTIMENT$	0. 041 **	0. 0201 **	0. 086 *	0. 276
$SENTIMENT \nrightarrow MECI$	0. 06 *	0. 267	0. 117	0. 121
$SHIBOR \nrightarrow SENTIMENT$	0. 000 ***	0. 199	0. 065	0. 204
$SENTIMENT \nrightarrow SHIBOR$	0. 152	0. 134	0. 0460 *	0. 046 **
$M2 \nrightarrow SENTIMENT$	0. 003 ***	0. 43	0. 614	0. 506
$SENTIMENT \nrightarrow M2$	0. 864	0. 661	0. 788	0. 327
$SCMP \nrightarrow SENTIMENT$	0. 313	0. 515	0. 486	0. 42
$SENTIMENT \nrightarrow SCMP$	0. 466	0. 483	0. 9	0. 205

注：原假设 A $\nrightarrow$ B 表示，A 不是 B 的格兰杰原因；表中给出的是显著性水平 P 值，***、** 和 * 分别表示在 1%、5% 和 10% 的显著性水平下显著。

第六节 本章小结

本书构造的银行情绪指数是银行基于现有经济形势、货币政策和银行经营等方面信息形成的能够反映未来决策意图的银行情绪代理指标，包含了迪恰克（1999）提出的基于知识和创造的理性"信心"成分和基于自发乐观主义的有限理性"动物精神"成分。根据前面对现有银行情绪影响因素研究的梳理和总结，结合中国实际情况，本章对能够影响银行情绪的货币政策变化、经济景气水平与经济政策不确定性因素进行分析和实证检验。

本章的主要结论为：第一，货币政策变化、经济景气水平与经济政策不确定性因素均对银行情绪产生显著影响。货币政策变化和经济景气情况是银行情绪形成理性判断的基础信息来源，银行主观心理因素在经济政策不确定性作用下对上述信息进行加工，最终形成包含主观成分的银行情绪。其中，银行情绪对数量型货币政策依赖性最强。第二，中国货币政策对银行情绪的影响结果表明，数量型货币政策对银行情绪影响较大，且存在反向波动态势，说明数量型货币政策变动对银行情绪具有逆周期调节效应，但政策发挥存在较长滞后性，因此调控目标与调控效果可能存在偏差。价格型货币政策对银行情绪的影响更加明显和迅速，这表明随着利率市场化的推行，价格型货币政策有效性不断提升。在相对悲观银行情绪状态下，货币政策有效性增强，说明银行情绪在不同状态下对货币政策信息的依赖程度不同，这一结果反映出银行情绪对货币政策传递具有潜在干扰性，至少银行情绪对货币政策变化反应的不同表明银行情绪并不仅仅是政策变化的简单映像。因此，对银行情绪的调控，应结合不同货币政策工具作用特点，对银行情绪实施靶向调控手段，确保调控措施灵活且有针对性，保证调控结果可控且有效。第三，经济政策不确定性是银行情绪波动的又一重要原因，二者存在经济政策不确定性升高导致银行情绪低迷的反向波动关系。而且银行情绪越悲观对经济政策不确定状态越敏感，因而有关部门应该灵活调整并及时对外发布货币政策措施，提高政策透明度，降低经济政策不确定性对银行情绪的负面影响，还需要加强与银行部门的信息交流和沟通，重点防范银行部门对相关政策变化的过度解读和过度反应。第四，经济景气水平对银行情绪产生正向影响。宏观经济形势向好，刺激银行情绪向积极乐观转化，宏观经济下行会导致银行情绪低迷消极，而且银行情绪越乐观，受到宏观经济形势的影响越大，这说明即便当前中国存在金融"脱实向虚"的现象，但经济基本面变化仍是银行情绪形成的重要信息来源，即银行部门总体上仍以把握和跟随实体经济趋势为导向，同时银行可能会过度解读经济基本面向好信息，形成情绪过度乐观的极端状态。因此，一方面需要稳定向好的经济运行态势来给予银行信心；另一方面也需要对银行情绪进行合理引导，防范银行因经济基本面向好产生的盲目乐观和忽视风险。

第五章

银行情绪影响信贷供给波动的实证检验

前面运用理论模型分析了银行情绪影响经济周期的信贷供给传导机制。显然，银行情绪对信贷供给的直接影响是发挥银行情绪对经济周期波动传递效应的基础。具体而言，银行情绪变化能够影响银行在杠杆率、风险承担水平以及贷款标准等方面的决策行为，最终实现对整体银行信贷供给的作用。通过总结现有研究，本书得到银行情绪影响银行信贷的大量理论与实践证据。但考虑到中国的银行体系特殊的发展历程，本章运用中国的银行情绪与信贷体系有关数据，分析银行情绪与信贷供给间的关联关系，为后续进一步研究银行情绪经由信贷供给渠道影响经济周期提供经验支持。本章从银行微观信贷决策和总体信贷供给两个层面进行分析，验证银行情绪与各个信贷供给指标间的关联关系，计算指标间相关关系和领先—滞后关系。厘清不同周期阶段银行情绪与信贷决策和供给之间的内在机制，探究银行情绪影响信贷决策和信贷供给的经验证据。本章研究不仅为探究银行情绪与经济周期波动的后续研究提供坚实基础，还能为以调控信贷周期为目标的银行情绪监管提供参考。

第一节　中国信贷供给内涵的变化

2008 年全球金融危机后，金融中介特别是商业银行信贷在经济周期波动中的重要作用得到学术界的普遍认同（Gertler & Kiyotaki, 2010;

Gertler & Karadi，2011）。鉴于中国间接融资为主要社会融资渠道的金融体制特点，中国银行信贷供给与周期波动研究成果较为丰硕，大量研究试图从信贷周期与宏观经济角度入手，分析金融中介部门在经济危机中扮演的重要角色（陈昆亭等，2011；于震等，2014；马勇等，2016）。上述研究一般采用商业银行表内信贷供给量作为信贷供给代理指标，但是2008年全球经济危机后，中国金融业尤其是银行体系资产结构出现重要变化，信贷供给渠道被进一步拓宽，信贷供给的内涵也发生了新变化。

　　由于中国商业银行表内业务监管严格，而大多数表外业务在资本监管、信息披露和风险管理等内外部监管要求上都远弱于表内业务，因此成为银行规避监管限制，突破贷款结构、规模和投向管制的工具，并与新型同业业务交叉嵌套，成为"影子银行"的重要组成部分（李文喆，2019）。尤其是从2009年直至2016年银监会陆续出台一系列针对表外业务的管理办法之前，为应对"次贷危机"影响，宽松的货币政策和金融监管导致社会融资需求旺盛，在银行表内信贷供给不足的情况下，表外业务开始介入非标资产，弥补表内业务资金缺口从而转变为"表外信贷"，规模急剧膨胀。危机后的10年里，中国金融体系内形成了与传统金融体系体量相近的影子银行体系。根据央行发布的《中国金融稳定报告（2018）》，银行业金融机构表外业务余额高达302.11万亿元，约为表内总资产规模的1.2倍。①

　　对中国银行信贷供给的研究应充分考虑中国的银行信贷结构调整现状。将表外信贷供给（影子银行）纳入分析框架，不仅能进一步丰富信贷供给的内涵，而且与当前中国金融体系特征更符合。此外，表内外信贷体系的监管差异为本书研究银行情绪作用情况提供了较为合适的对比分析模式。

---

　　① 影子银行作为重大金融风险隐患之一，引起国家监管部门的重视。2016年7月，中共中央政治局会议提出要全面落实"去产能、去库存、去杠杆、降成本、补短板"五大任务，并强调要"抑制资产泡沫"。2017年第1季度，人民银行正式将表外理财纳入银行"广义信贷"范畴，并在此基础上对银行进行MPA考核。然而，虽然部分影子银行信贷被纳入表内，中国影子银行规模和增速仍十分可观，详细数据参见李文喆（2019）。

第二节　银行情绪影响信贷供给的假设提出

银行情绪是商业银行根据内外环境而进行资源配置和风险承担的决策意图反映。银行情绪变化直接影响商业银行未来的经营决策行为。从宏观信贷结果出发，银行情绪变化能够引发信贷规模变化，考虑到中国表内外信贷供给渠道差异，本书认为银行情绪变化与表内外信贷规模密切相关。从微观信贷决策过程考虑，银行情绪变化会影响是否放宽贷款审批标准、是否增加贷款投放额度以及是否投资风险项目等方面。例如，乐观银行情绪容易导致银行在决策中高估未来收益，忽视可能的风险，银行在乐观情绪引导下倾向于采取放松贷款标准和提高杠杆率的激进策略，最终导致信贷供给波动（Malmendier & Tate，2010；Gervais et al.，2011；Ma，2015；Ho et al.，2016；Huang et al.，2018）。可见，银行情绪与商业银行自身经营与风险控制行为密切相关，银行情绪与商业银行资本充足率、流动性比率和不良贷款比率等银行经营监管指标的关联关系能够为上述机制提供证据。

银行情绪与商业银行资本充足率、流动性比率和不良贷款比率等银行经营监管指标存在以下关系：第一，流动性比率与银行情绪的关系体现为，流动性比率反映了商业银行的短期清偿能力和风险承担水平，乐观银行情绪能够导致银行忽视风险和监管，降低流动性水平，加剧期限错配（Ho et al.，2016），因而银行情绪变化能够引发银行流动性比率调整。第二，资本充足率指标与银行情绪的关系表现为，资本充足率指标能够衡量银行偿付和抗风险水平，银行决策过程中面临着保留充足资本抵御防风险，还是追求高收益提高风险承担水平的权衡取舍。银行情绪状态对银行风险承担意愿的影响反映在银行资本充足率变化上。第三，不良贷款比率作为衡量银行前期经营状况的重要指标，可以将其视为前期银行情绪发挥作用的结果。例如，科尔特斯等（2016）的研究表明，过度乐观情绪作用下，通过审批的贷款后续更易违约形成不良贷款。

上述指标受到银行情绪影响，是银行经营决策风险的重要指示指标，因而也是商业银行监管的主要对象。尤其是全球金融危机后各国监管部门纷纷加强了对商业银行流动性风险的监管。2010 年《巴塞尔协议Ⅲ》正式发布，该协议重点关注银行逆周期资本缓冲，要求商业银行提高资本质量和资本数量，并提出了流动性风险定量监管的国际统一标准（刘冲等，2019）。这意味着现行银行监管体系内的商业银行资本充足率、流动性比率和不良贷款率变化不仅反映出其自身决策意愿的调整，同时也是商业银行监管和有关调控政策的传递指标。银行流动性和资本充足率监管要求对银行信贷行为，特别是风险承担水平具有显著影响（Ferri et al.，2014）。此外，有关部门对于不良贷款率的限制能够对银行有限理性情绪驱动下的信贷扩张形成约束。

根据上述分析，本书提出以下研究假设：我国银行情绪变化能够引发表内外信贷供给规模变化；银行情绪冲击能够引起资本充足水平、流动性水平的正向变化，引起不良贷款水平的负向变化，银行情绪变化也受到上述指标的约束。

第三节　银行情绪影响信贷供给波动的实证方案设计

一、实证方案

本书从银行情绪与总体信贷供给和微观信贷决策指标的周期同步性和领先—滞后关系两方面对上述假设进行验证。首先，为考察银行情绪变化对微观和总体信贷供给波动的影响，本书先对各个信贷指标运用周期性测度方法进行预处理。其次，运用周期同步性方法测度银行情绪与各信贷指标间的关联关系，采用动态和静态两种方法进行测算，通过相关系数符号判断银行情绪与各信贷指标间变化方向。最后，为进一步说明银行情绪变化是信贷波动的触发器，本章运用交叉谱分析方法，计算银行情绪与各信贷指标间的频率一致性、相位谱，[①] 通过变化发生的先后判断银行情绪变化是否对信贷波动具有引领作用。本章静态相关性和交叉谱分析运用 SPSS 20 实现，动态相关性分析运用 Matlab 实现。

二、实证方法概述

1. 周期的度量方法

为检验经济时间序列周期同步性，首先要对时间序列的周期进行识别。常用的周期测度方法为：将时间序列分解为"趋势"（Trend）和"周期"（Cycle）两种成分。其中，"周期"成分反映了时间序列波动特征。为了将时间序列分解成趋势和周期成分，大量研究采用了基于非参数统计方法的滤波（Filtering）技术。[②] 具体方法包括 HP 滤波和两种 BP滤波（Band-Pass Filter）。其中，HP 滤波方法通过剔除时间序列的低频趋势获得周期成分，已经成为经济统计分析中分离趋势成分最为广泛使用的方法（于震和张超磊，2015）。

2. 同步性的度量方法

同步性度量方法较为多样。在通过上述周期识别方法划分时间序列周期后，普遍的做法是采用同期相关系数进一步度量周期同步性，同期相关系数的计算方法可以细分为参数和非参数两类，具体包括 Pearson 系数、Kendall 的 tau_b 系数和 Spearman 的 rho 系数。然而，该方法明显存在以下不足：一是未能实现时间序列周期异质性成分和共同联动成分分离；二是只能反映同期关系，忽视了指标间动态关系，本质上属于静态方法。另外，这一方法还存在概念上的问题。从相关系数的统计表达式来看，相关系数不仅反映时间序列周期之间的同步性信息，还包含了振

[①]　其中，频率一致性可用来确定各变量间关联性的强弱程度，反映变量的波动关系及其运行规律，取值范围为［0，1］。而相位谱用于计算领先指标与同步指标之间的时间差，从而通过领先和滞后关系的测定来预测和推断变量间的驱动和影响。

[②]　时间序列分解的参数方法同样存在，如基于 ARIMA 模型的趋势分解方法，以及不可观测成分模型（unobserved components model）等均属于参数方法。

幅相关性。这意味着，即使两个时间序列同处于周期的某一阶段，即完全同步，但由相关系数的计算公式可知，周期振幅差异会导致两个周期的相关系数不等于1。

为了克服静态相关系数的缺陷，动态相关方法逐渐应用于度量时间序列周期同步性研究。代表性方法有迪伦豪特（Den Haan, 2000）提出的基于 VAR 预测误差的序列联动性度量方法。[①] 该研究认为非条件相关系数不仅丢失了变量之间的动态联动信息，而且可能因为变量的非平稳性而导致伪估计问题。为此，该研究提出在不同时期水平上考察 VAR 预测误差联动程度的时域（time domain）方法。通过在 VAR 中纳入滞后变量，呈现出时间序列的动态性质。考虑两变量的标准 VAR 模型：

$$\begin{bmatrix} x_t \\ y_t \end{bmatrix} = A_0 + \sum_{i=1}^{p} A_1 \begin{bmatrix} x_{t-i} \\ y_{t-i} \end{bmatrix} + \begin{bmatrix} u_{1t} \\ u_{2t} \end{bmatrix} \tag{5.1}$$

其中，x_t 和 y_t 为随机变量。A_0 是一个 2×1 常数向量，A_1 是回归系数构成的 2×2 矩阵。u_{1t} 和 u_{2t} 为误差项，且假设不存在序列自相关，但两者之间可以相关。p 为模型的滞后阶数。在 VAR 模型估计之后，可以通过计算两变量向前 k 期预测误差的相关性来判断两变量之间的联动性。该方法的优点在于它既适用于平稳变量，也适用于非平稳变量，且无需事先对变量使用滤波分解。

该方法的具体参数设定如下，模型设定检验相关变量基于向前 24 个季度（6 年）预测误差的周期同步性，并选取基于 6 个季度（1.5 年）和 16 个季度（4 年）预测误差的周期同步性作为参考。根据迪伦豪特（2000）的建议，可以认为这两个预测水平分别代表短期和长期周期同步性。其中，考虑到样本量限制，VAR 模型的最大滞后阶数为 4 阶。结果

---

① 需要注意的是，在相关的研究中，"同步性"、"收敛性"和"联动性"几个概念往往同时出现。通常情况下，"收敛性"和"联动性"都可以用来反映"同步性"程度，尤其是动态联动性方法，已经成为经济周期同步性度量的重要手段。尽管鲜有文献对上述概念的内涵与度量方法进行系统性辨析，但其联系与差异还是在以下文献中有所提及。其中，"同步性"和"收敛性"的差异参见库普曼和阿泽维多（Koopman & Azevedo, 2008），"同步性"和"联动性"的差异参见明科等（Mink et al., 2007）。

显著性检验的置信区间为 95%，通过 Bootstrap 方法构建，重复次数为 2500。

3. 交叉谱分析法

交叉谱模型是基于两个序列间波动关系的频域分析方法，被广泛应用于检验一个指标对另一个指标未来变化的影响，具体包括相干谱（coherency spectrum）、相位谱（phase spectrum）和周期（cycle）三个谱项。相干谱用来观察时间序列周期之间在频域上的相关性；相位谱用来考察两个序列周期之间的先行或滞后关系，并测度时差长度；周期主要反映两个序列数据在某一个频率上的分量对自变量的共振周期。交叉谱法对序列全周期波动过程进行分析，因而能从整体上更好地呈现序列周期波动的结构关系（张兵，2012）。

对于二元平稳时间序列 X_t 和 Y_t，交叉谱（cross spectrum）密度函数 $C_{xy}(\omega)$ 是复函数，由实数部分 a_{xy} 和虚数部分 b_{xy} 构成。a_{xy} 为余谱（cospectrum），反映两个时间序列在同相频率分量上的相关水平。b_{xy} 为正交谱（quadrature spectrum）反映两个时间序列在异相频率成分上的相关水平。交叉谱密度函数 $C_{xy}(\omega)$ 根据复数的极坐标表示为：

$$C_{xy}(\omega) = S_{xy}(\omega)\exp\{2\pi\phi_{xy}(\omega)\} \tag{5.2}$$

其中，$S_{xy}(\omega)$ 是交叉振幅谱（cross - amplitude spectrum），具体表达式为 $S_{xy}(\omega) = \sqrt{a_{xy}^2(\omega) + b_{xy}^2(\omega)}$。$S_{xy}(\omega)$ 能够反映两个序列各频率分量在振幅上的相互关系。为消除所考察序列自身量值大小的影响，可以对交叉振幅谱进行标准化处理：

$$\varphi_{xy}(\omega) = \frac{S_{xy}(\omega)}{\sqrt{P_x(\omega)P_y(\omega)}} = \frac{\sqrt{a_{xy}^2(\omega) + b_{xy}^2(\omega)}}{\sqrt{P_x(\omega)P_y(\omega)}} \tag{5.3}$$

其中，$P_x(\omega)$ 和 $P_y(\omega)$ 分别为时间序列 X_t 和 Y_t 的谱密度函数。经标准化后的交叉振幅谱 $\varphi_{xy}(\omega)$ 称为相干谱，反映两个序列周期之间在频域上的相关性，其取值区间为 [0，1]，取值越接近 1，则表示两个序列在频率 ω 处相关关系越强。

交叉谱密度函数中的 $\phi_{xy}(\omega)$ 称为相位谱，其计算公式为 $\phi_{xy}(\omega) =$

$\arctan\left[-\dfrac{b_{xy}(\omega)}{a_{xy}(\omega)}\right]$，相位谱反映两个序列周期在各频率上的相位差，即两个序列在时间上的领先和滞后情况，通过该指标可以确定一个序列变化是否能够引起另一个序列随之变化。

三、指标选取与处理

银行情绪指标选取前面构建的银行情绪指数。根据前面的理论分析与模拟，银行情绪转化能够导致经济周期和信贷周期波动。为探究银行情绪变化对信贷周期的影响，本章对银行情绪指标进行差分处理，通过银行情绪变化符号反映情绪向积极乐观或消极悲观的变化情况。

根据中国信贷供给内涵的变化，表内信贷供给指标选取人民银行发布的金融机构人民币贷款余额，该指标具有较长样本区间，是信贷周期研究中常用的代理指标（赵振全等，2007；陈昆亭等，2010）。表外信贷指标参考李文喆（2019）对中国影子银行的测度方法计算得到[①]。该方法以中国影子银行资产负债表的负债端业务为框架，利用官方公布的未贴现的银行承兑汇票、"准贷款"和金融嵌套三类影子银行业务数据，全面测算了影子银行规模。该方法避免了此前有关测算方法中经常出现的重复计算问题。例如，张明（2013）、孙国峰和贾君怡（2015）使用加总方法得到影子银行规模数据。与上述研究不同，本书计算得到的影子银行数据具有较高的权威性、可靠性和准确性，是当前可获得的较高质量的影子银行测度数据。利用该方法计算得到影子银行规模数据，以此衡量中国表外信贷供给情况。选取中国人民银行统计公布的商业银行不良贷款比例、商业银行流动性比率和商业银行资本充足率来衡量银行微观信贷决策结果。上述指标作为商业银行监管的核心指标，探究它们与银行情绪变化之间的关系，也可以揭示监管因素对银行情绪的作用机制。根

---

① 李文喆（2019）将中国影子银行定义为依赖于银行信用、从事银行业务但又没接受严格的银行业监管的金融业务，具体指传统的银行表内贷款和债券投资以外的，具备完整的信用转换、期限转换和流动性转换功能的金融业务。

据银行情绪指数样本区间，各信贷指标均采用了 2009 年第 3 季度至 2019
年第 3 季度的季度数据，数据来自 Wind 数据库。① 为了检验银行情绪变
化对信贷周期波动的影响，利用 X – 12 季节调整方法对各信贷指标进行
季节调整，运用 HP 滤波提取周期成分加入模型。

加入同步性模型的指标分别为银行情绪（Sentiment）、金融机构人民
币贷款周期成分（RMBL）、影子银行贷款周期成分（SB）、不良贷款比
率周期成分（Impaired）、商业银行流动性比率周期成分（Liquid）和商业
银行资本充足率周期成分（Adequacy），所有数据处理与计算运用 Eviews 10
完成，变量的描述性统计结果见表 5 – 1。交叉谱分析要求时间序列平稳，
各指标平稳性检验结果见表 5 – 2。其中 RMBL、SB 未通过平稳性检验，
本书选取上述指标通过平稳性检验的波动率数据，最终加入交叉谱模型
的指标为 ΔRMBL 和 ΔSB。

表 5 – 1　　　　　　　　　　　　变量描述性统计

变量	Sentiment	Liquid	Impaired	Adequacy	RMBL	SB
均值	0.017	– 0.032	– 0.018	– 0.002	– 415.491	– 700.007
中间值	– 0.066	– 0.201	– 0.032	– 0.005	– 3635.543	– 2492.167
最大值	1.636	2.978	0.248	0.688	31265.320	42650.900
最小值	– 0.860	– 1.854	– 0.232	– 0.651	– 15388.150	– 50052.370
标准差	0.509	1.265	0.133	0.310	10766.070	20781.460
偏度	0.753	0.543	0.527	0.254	1.189	0.224
峰度	3.841	2.364	2.040	2.894	3.844	3.066
J – B 统计量	5.081	2.708	3.472	0.459	174.562	0.349
概率	0.079	0.258	0.176	0.795	0.000	0.840
样本量	41	41	41	41	41	41

---

① 由于金融机构人民币贷款余额和影子银行规模数据为月度数据，本文通过选取每季度最
后一个月数据得到季度数据。

表 5 – 2　　　　　　　　　　　　　平稳性检验

变量	ADF 类型	ADF 统计量	临界值	结果
Sentiment	(0, 0, 3)	− 3. 125 ***	− 2. 628	平稳
Liquid	(0, 0, 2)	− 3. 535 ***	− 2. 624	平稳
Impaired	(0, 0, 3)	− 2. 992 ***	− 2. 626	平稳
Adequacy	(0, 0, 6)	− 3. 524 ***	− 2. 630	平稳
RMBL	(0, 0, 2)	− 0. 64	− 1. 611	不平稳
ΔRMBL	(C, T, 0)	− 6. 684 ***	− 4. 192	平稳
SB	(C, 0, 2)	− 1. 587	− 2. 606	不平稳
ΔSB	(0, 0, 9)	− 1. 957 **	− 1. 951	平稳

注：其中检验形式（C，T，K）分别表示单位根检验方程包括常数项、时间趋势和滞后项阶数；***、** 分别表示在1%、5% 显著水平下通过检验。

第四节　银行情绪影响信贷供给波动的实证结果分析

一、静态同步性结果分析

为检验银行情绪与各信贷供给与决策指标间的关联性，判断指标间时间差变化下的关联性是否存在差异，本书分别计算银行情绪与金融机构人民币贷款周期波动、影子银行商业银行周期波动、商业银行不良贷款比率周期波动、商业银行流动性比率周期波动和商业银行资本充足率周期波动的同期和跨期同步性结果，具体采用参数和非参数相关系数方法进行计算，结果见表 5 – 3。

表 5 – 3　　　　　　　　　　　静态相关关系结果

指标	滞后阶数	参数方法	非参数方法	
		Pearson 系数	Spearman 的 rho 系数	Kendall 的 tau_b 系数
Sentiment 与 *RMBL*	0	0. 158	0. 103	0. 056
	1	0. 088	0. 059	0. 046
	2	0. 109	0. 106	0. 090
	3	0. 107	0. 156	0. 104

指标	滞后阶数	参数方法	非参数方法	
		Pearson 系数	Spearman 的 rho 系数	Kendall 的 tau_b 系数
Sentiment 与 *SB*	0	0.369 **	0.422 ***	0.285 ***
	1	0.317 **	0.362 **	0.236 **
	2	0.278 *	0.336 **	0.220 *
	3	0.119	0.135	0.092
Sentiment 与 *Adequacy*	0	−0.54 ***	−0.604 ***	−0.437 ***
	1	−0.654 ***	−0.702 ***	−0.477 ***
	2	−0.520 ***	−0.535 ***	−0.393 ***
	3	−0.43 ***	−0.402 **	−0.269 **
Sentiment 与 *Impaired*	0	0.249	0.161	0.122
	1	0.141	0.133	0.087
	2	−0.064	−0.046	−0.050
	3	−0.176	−0.099	−0.090
Sentiment 与 *Liquid*	0	−0.367 **	−0.438 **	−0.276 **
	1	−0.419 **	−0.495 ***	−0.344 ***
	2	−0.376 **	−0.376 **	−0.255 **
	3	−0.115	−0.064	−0.038

注：***、** 和 * 分别表示1%、5%和10%的显著性水平。

　　银行情绪与表内外信贷供给具有正向波动一致性。从银行情绪变化与表内外信贷供给指标的静态同步性结果来看，银行情绪变化与表内外信贷供给均为正相关关系，该结果一定程度上为假设1提供了证据支持。具体而言，银行情绪与影子银行信贷波动在同期和滞后1~2期显著正相关，表明银行情绪与表外信贷供给具有较强同向波动一致性特征。这意味着二者之间可能存在乐观银行情绪导致影子银行规模扩张，消极银行情绪导致影子银行规模收缩的作用关系。此外，银行情绪与表内信贷周期波动虽为正相关关系，但未通过显著性检验，因此二者关系有待进一步验证。

　　从银行情绪变化与信贷决策指标相关性结果可以看出，银行情绪变化与流动性比率、资本充足率周期变动呈现显著负相关关系，与不良贷款指标呈现不显著的正相关关系，这一结果与假设 2 预计的指标间变化方向一致。具体来看，银行情绪变化与资本充足率周期变化（同期和滞后 1~3 期）、流动性比率周期变化（同期和滞后 1~2 期）均呈现显著负相关关系，而且滞后 1 期的相关系数最大，说明银行情绪变化与未来 1 个季度的资本充足率、流动性比率周期变化间的反向相关关系最强，银行情绪高涨会导致未来银行资本充足率和流动性比率下降，反映了银行情绪变化对银行风险承担水平的影响。银行情绪变化与不良贷款比率周期变化在同期和滞后 1 期为正相关关系，在滞后 2~3 期为负相关关系，但并未通过显著性检验。该结果可能是与不良贷款比率受国家监管较为严格，银行不良贷款率的调整和变化过程中银行情绪发挥作用的空间较小有关，也可能是由于银行情绪变化导致不良贷款形成需要较长时间。当然，静态相关性结果存在方法局限性，指标间的关联关系有待进一步运用动态相关性方法进行检验。

二、动态同步性结果分析

为了克服静态同步性方法的不足，探究银行情绪变化与各个信贷指标短期和长期同步性水平，厘清在静态相关性方法中没有通过显著性检验的人民币贷款周期波动、不良贷款比率周期波动与银行情绪变化间的同步性关系，本书将银行情绪与各个信贷指标加入动态相关关系模型计算预测 1~24 期的动态相关系数，动态相关性结果见图 5-1，能够代表短期与长期相关关系的第 6 期与第 16 期动态相关性结果见表 5-4。

根据银行情绪与表内外信贷供给的动态相关性结果，银行情绪变化与表内信贷供给周期波动为显著负相关关系，考虑到前面静态相关性结果未能通过显著性检验，此处以动态相关性结果为准。银行情绪与表外信贷供给周期波动为显著正相关关系，该结果与前面一致，较为稳健。根据银行情绪与微观信贷决策指标的动态相关性结果，银行情绪变化在短期和长期都与资本充足率、流动性比率周期波动为显著负相关关系。因而银行情绪变动与资本充足率、流动性比率的负相关关系较为稳健。

银行情绪变化与不良贷款比率结果为短期负相关关系和长期正相关关系。银行情绪与微观信贷决策指标的动态相关性结果与前文静态相关性结果一致，并且通过显著水平检验，因此结果稳健。

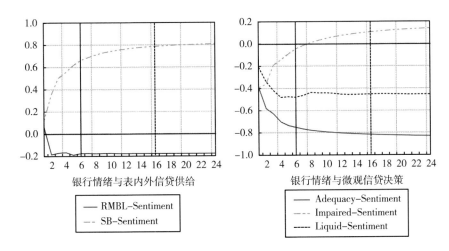

图 5 - 1　动态相关性

表 5 - 4　　　　　　　　　　　　动态相关系数

指标	短期同步性	长期同步性
Sentiment 与 *RMBL*	- 0.176	- 0.178
Sentiment 与 *SB*	0.661	0.786
Sentiment 与 *Adequacy*	- 0.752	- 0.817
Sentiment 与 *Impaired*	- 0.046	0.108
Sentiment 与 *Liquid*	- 0.480	- 0.453

注：结果置信区间为 95%，通过 Bootstrap 方法得到，重复次数为 2500。

银行情绪变化与表内外信贷供给的同步性差异，反映出银行情绪与以影子银行为代表的表外信贷波动联系紧密。当银行情绪高涨时，影子银行规模会增加。而银行情绪与金融机构人民币贷款为代表的表内信贷波动相关性不但弱于影子银行，而且为负相关关系。也就是说，当银行情绪高涨时，金融机构人民币贷款规模会紧缩。这表明表内业务严格监管和逆周期调控明显抑制了银行情绪的释放，银行情绪上涨通常是经济处于繁荣期甚至是过热期，此时的政策调控立场通常与银行情绪相反，即在表内业务范围内，银行更多是完成信贷供给和流动性创造职能，扮演了货币政策传递者的角色，自身情绪彻底被制度和监管压制，而在表外业务范围内，银行可以将更多的自身意愿和预期转化为信贷决策，从而引起信贷波动。值得注意的是，银行情绪变化与影子银行周期变化的相关性随预测期增长而增强，体现出银行情绪与信贷供给间的自我实现和增强的特点。乐观银行情绪作用下，影子银行规模扩张，为银行带来更多收益，这导致银行情绪更加乐观，形成情绪与影子银行信贷的不断相互促进，悲观银行情绪与紧缩影子银行信贷也存在这种相互促进机制，上述过程就是银行体系内，尤其是影子银行体系金融风险不断累积的过程。

银行情绪与微观信贷决策密切相关。具体而言，银行情绪变化与商业银行资本充足率周期成分的反向一致性呈现出长期相关性更强的特点，这表明银行情绪向乐观转化会在未来降低银行资本充足率，并且这种影响会随着银行情绪的自我实现而增强。即在乐观银行情绪驱动下，银行会主动承担风险，降低资本质量。当这种决策为银行带来收益后，会进一步激发银行乐观情绪，导致银行决策更加忽视风险，在这一过程中银行经营风险加剧。银行情绪变化与商业银行流动性比率周期成分的反向一致性则呈现出短期增强后逐渐平稳的态势，这表明银行情绪的转化在短期影响流动性水平，但从长期来看这种影响较为稳定。银行情绪变化与不良贷款比率的短期负相关关系和长期正相关关系，反映出了银行情绪变化需要一定时间才能导致不良贷款的形成，这一结果与现实中银行不良贷款的形成过程较为相符。

三、交叉谱结果分析

1. 银行情绪变化与表内外信贷供给周期波动的交叉谱结果分析

相干谱反映两个序列周期之间在频域上的相关性，其取值区间为 $[0，1]$，取值越接近 1，则表示两个序列在频率 ω 处越相关。需要注意的是相干谱并不能够反映相关关系的方向，且频率越小对应的周期跨度越长。相位谱结果可以确定银行情绪与各信贷指标之间的"领先—滞后"关系，进一步说明指标间的驱动引领效应。银行情绪与信贷供给指标的交叉谱分析结果见图 5－2 和表 5－5。

从图 5－2 银行情绪变化与表内外信贷供给周期波动的相干谱结果来看：总体而言，银行情绪变化与影子银行周期波动一致性最强，在短期和中期一致性均超过 0.5，而且中期一致性要比短期略高，表明时间跨度越长的银行情绪波动对影子银行周期波动影响程度越大。银行情绪变化与人民币贷款周期一致性在短期较高，但随着周期延长，一致性稳定在 0.2 左右，表明银行情绪变化在短期对表内信贷供给周期的影响更大。上述结果虽然仅提供了相关性程度而缺失了相关性方向，但与静态相关性的绝对值结果基本一致，结果较为稳健。

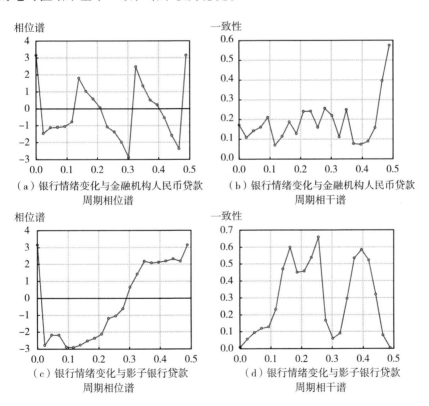

图 5－2　银行情绪与表内外信贷供给周期的交叉谱分析结果

从图 5－2 的相位谱结果可以确定银行情绪与表内外信贷供给周期的"领先—滞后"关系。从整体走势来看，金融机构人民币贷款在不同长度周期受到银行情绪的引领和影响，影子银行信贷周期波动在中短期受银行情绪的引领和影响。表 5－5 为银行情绪变化领先周期的相位谱与相关谱结果，选取相干谱最高点对应的相位谱结果：银行情绪变化与金融机构人民币贷款在 0.488 频率处相位谱为 3.142，表明银行情绪变化在金融机构人民币贷款 2.048 季度时间跨度的周期波动中领先 1.024 个季度；银行情绪变化与影子银行信贷波动在 0.395 频率处相位谱为 2.116，表明银行情绪变化在影子银行 2.529 季度时间跨度的周期波动中领先 0.85 个季度。[①] 总体来看，2～3 季度左右的银行情绪变化周期内，银行情绪分别领先表内外信贷供给周期波动 1 个季度和 0.85 个季度。表明银行情绪是表内外信贷供给的重要驱动因素。其中，银行情绪对影子银行信贷周期的驱动效应更加迅速，持续期也更长。

表 5－5　　　　银行情绪变化与表内外信贷供给周期的交叉谱结果

Sentiment 与 RMBL 交叉谱结果					Sentiment 与 SB 交叉谱结果				
频率	周期	相位谱	相干谱	时差	频率	周期	相位谱	相干谱	时差
0.140	7.167	1.795	0.114	2.048	0.302	3.308	0.640	0.059	0.337
0.163	6.143	1.018	0.187	0.995	0.326	3.071	1.418	0.089	0.693
0.186	5.375	0.570	0.128	0.487	0.349	2.867	2.172	0.296	0.991
0.209	4.778	0.048	0.241	0.037	0.372	2.688	2.080	0.535	0.889
0.326	3.071	2.470	0.111	1.207	0.395	2.529	2.116	0.585	0.852
0.349	2.867	1.340	0.249	0.612	0.419	2.389	2.187	0.521	0.831
0.372	2.688	0.506	0.077	0.216	0.442	2.263	2.313	0.319	0.833
0.395	2.529	0.222	0.073	0.090	0.465	2.150	2.176	0.079	0.744
0.488	2.048	3.142	0.575	1.024	0.488	2.048	3.142	0.003	1.024

结合前面的同步性结果，银行情绪变化能够领先银行表内外信贷供给波动约 1 个季度，而且若银行情绪出现乐观转化，那么将在短期导致

① 变量间时差计算公式为：时差 $= \dfrac{相位谱}{2\pi} \times 周期长度$。

银行表内信贷供给减少，表外信贷供给增加。一方面，该结果反映了银行表内信贷调整主要受到货币政策逆周期调控影响，银行情绪在该渠道作用空间有限；另一方面，也反映出银行情绪在调整信贷资金投放过程中具有典型的规避监管特点，银行情绪在监管较弱的影子银行领域发挥作用，这不仅体现出银行情绪能够催生银行体系风险，还反映出银行情绪通过表外信贷渠道削弱了货币政策的调控效果。因而不仅要加强对银行情绪的监管和引导，而且要对银行情绪作用下的表内信贷资金表外转移加以重视，防范银行情绪驱动下的影子银行体系风险累积和暴露。

2. 银行情绪变化与表内信贷决策指标的交叉谱结果分析

从图 5 - 3 相干谱结果可以看出：银行情绪变化与资本充足率、流动性比率的短周期和长周期一致性较强，表明银行情绪变化在短周期波动和长周期波动中与银行资本充足水平、流动性水平具有较强关联性，而且随着银行情绪变化周期延长，与二者关联性有所增强。银行情绪变化与不良贷款比率周期间关联性呈现周期越长关联性越弱的趋势，表明银行情绪变化与不良贷款率周期变化短周期内一致性更强。对比银行情绪在不同周期与各银行微观决策指标的相干谱大小可以看出，银行情绪与不良贷款率在短期和中期相关性最强，与资本充足率在长期相关性最强。

表 5 - 6 为银行情绪变化领先微观信贷决策指标周期的相位谱与相干谱结果，选取银行情绪变化领先周期内相干谱最高点对应的相位谱结果：银行情绪变化与资本充足率周期在 0.256 频率上相位谱为 1.185，表明银行情绪在资本充足率 3.909 季度时间跨度的周期波动中领先 0.737 个季度；银行情绪变化与流动性比率周期在 0.419 频率处相位谱为 3.139，表明银行情绪变化在流动性比率 2.389 季度时间跨度的周期波动中领先 1.193 个季度。银行情绪变化与不良贷款比率周期在 0.419 频率上相位谱为 1.571，表明银行情绪在不良贷款比率 2.389 季度时间跨度的周期波动中领先 0.597 个季度。总体来看，银行情绪变化对不良贷款比率和流动性比率在短周期波动中发挥引领作用，对资本充足率在中周期波动中发挥引领作用。

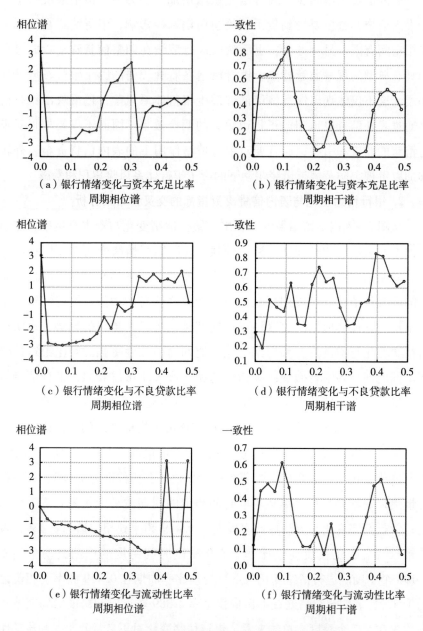

图 5 - 3   银行情绪与信贷监管指标的交叉谱分析结果

表 5 - 6　　　　　银行情绪变化与表内信贷监管指标周期的交叉谱结果

频率	周期	相位谱	相干谱	时差	频率	周期	相位谱	相干谱	时差
Sentiment 与 *Adequacy*					*Sentiment* 与 *Impaired*				
0.233	4.300	1.008	0.075	0.690	0.326	3.071	1.728	0.048	0.845
0.256	3.909	1.185	0.265	0.737	0.349	2.867	1.406	0.138	0.642
0.279	3.583	2.016	0.106	1.150	0.372	2.688	1.907	0.294	0.816
0.302	3.308	2.401	0.142	1.264	0.395	2.529	1.429	0.479	0.575
Sentiment 与 *Liquid*					0.419	2.389	1.571	0.517	0.597
0.419	2.389	3.139	0.815	1.193	0.442	2.263	1.356	0.377	0.488
0.488	2.048	3.142	0.645	1.024	0.465	2.150	2.106	0.212	0.721

结合前面的同步性结果，银行情绪在短期和长期受到资本充足率周期波动的引领，在中期引领资本充足率波动，而且二者之间具有显著负相关关系，这表明银行情绪虽然在一定周期内能够驱动银行资本充足率波动，但资本充足率作为重要的银行风险监管指标，对银行情绪的影响和塑造作用也十分明显。银行情绪在短期对流动性比率具有明显驱动作用而且负相关关系较强，反映出银行情绪对银行流动性决策的短期驱动作用较为明显。银行情绪虽然在短期领先不良贷款率，但二者并未出现银行情绪波动导致不良贷款率同向波动的作用特点，其原因可能在于受到有关监管政策和前期信贷决策的影响，银行情绪变化对不良贷款率的影响具有滞后性。此外，银行情绪变化在长周期受到不良贷款率引领，表明随着银行情绪变化与自身经营状况的相互作用和塑造，长期而言银行情绪变化受到不良贷款水平的约束。

四、稳健性分析

本书采用动态和静态同步性方法相互验证，证实了银行情绪与表内外信贷供给以及信贷决策指标间的相关关系，证明了银行情绪与表外信贷具有同向波动一致性，与表内信贷具有反向波动一致性，在短期和长期均与资本充足率、流动性比率呈负相关关系，与不良贷款比率呈短期负相关、长期正相关关系。本书运用错期相关性结果和交叉谱分析的相位谱结果验证了银行情绪在一定周期领先于信贷供给和信贷决策指标，证明银行情绪波动能够影响银行微观信贷决策，并驱动表内外信贷供给波动。同时，银行情绪也受有关风险监管措施的约束和限制。本文主要研究结果稳健。

第五节　本章小结

根据情绪驱动信贷周期理论，银行作为信贷市场的主要参与者，其情绪变化可以通过影响信贷供给和流动性创造直接造成信贷周期波动，与所有影响信贷周期的金融市场参与者情绪相比，银行情绪最为直接也最为强烈。本章运用前面构造的银行情绪指数衡量银行情绪，从银行总体信贷供给和微观信贷决策两个层面着手，采用动—静态同步性方法和交叉谱分析方法，考察了银行情绪指数与各个信贷周期波动指标的同步性和"领先—滞后"关系，以此为基础分析了我国银行情绪对信贷体系和信贷供给波动的重要影响。

本章的主要结论为：第一，银行情绪波动明显领先于表内外信贷周期波动，是其前瞻性指标。具体而言，银行情绪与影子银行信贷周期波动同步性最强，且呈现正相关关系，与金融机构人民币贷款周期为负相关关系，说明银行在受到严格监管和逆周期调控情况下，表内业务范围内以履行监管信贷供给和流动性创造职能为主，是货币政策的"传达器"，自身情绪处于压抑状态，影响力未能得到充分释放。而在表外业务中，由于监管要求放松，银行情绪较为充分地转化为根据自身意愿和预期的信贷决策，从而引发监管外的信贷波动，也削弱了货币政策调控的有效性。此外，银行情绪变化还存在调节银行信贷资金投向的可能性，即乐观银行情绪驱动下，银行会扩大表外信贷供给，反映出银行情绪高涨会引导银行在经营决策中倾向于规避监管和主动承担风险，而银行情绪低迷则会导致银行在经营决策中对风险更加谨慎小心。

第二，银行情绪与流动性比率和不良贷款率存在短期引领，长期受约束的相互作用关系；与资本充足率存在短期、长期受约束但中期引领的关系。说明银行情绪对于银行风险承担和流动性创造的有关决策具有显著影响，同时银行情绪也受到银行经营和监管水平的约束。由于本书选取的银行信贷决策指标也是银行宏观审慎监管的重要考察指标，银行情绪受上述指标的约束在一定程度上反映出中国信贷调控和宏观审慎监管的有效性，也为未来银行情绪的监管与调控提供了参考。

第三，银行情绪对于微观信贷决策和总体信贷供给的影响，多角度反映出银行情绪能够显著催生信贷体系风险。乐观银行情绪会导致银行忽视风险，减少流动性资金，降低资本质量，扩大影子银行信贷规模，并在未来导致银行不良资产攀升，消极银行情绪则可能导致银行过度重视风险，引起贷款标准提高，信贷规模收缩。可见，银行情绪作为银行体系运行中的一种内部信号，既是信贷周期的前瞻性指标，也是信贷体系风险的重要指示指标。因而不仅要加强对银行情绪的监管和引导，而且要注重防范和化解情绪驱动下的银行体系风险累积和暴露。应将其作为货币政策制定以及信贷逆周期调控的重要监测工具，通过银行情绪调控信贷供给，化解银行情绪在货币政策传递中的负面影响的同时，还能够解决现有信贷货币数量调节的中间目标不合理和政策时滞问题。

▸▸ 第六章

银行情绪影响经济周期的信贷供给传导机制的实证检验

情绪对宏观经济波动的影响及其作用机制得到学术界的普遍认同。银行作为重要金融机构，其情绪波动与经济周期的关联性不容忽视。一直以来，信贷资金无论是作为社会融资的重要来源还是货币政策传导的主要渠道都直接或间接的影响宏观经济运行趋势，且逐渐独立于经济基本面因素成为现代经济危机的源头。2008 年全球金融危机的发生发展，不仅启示我们重新理解信贷和银行机构的重要性，而且进一步挖掘危机发生的原因不难发现，危机触发和演化过程伴随着明显的情绪因素。正如美联储前主席伯南克（Bernanke，2008）所述，"与过去所有危机一样，问题的根源是投资者和公众对金融机构与市场的力量丧失了信心"。从经济人角度出发，银行决策过程中不可避免地受到有限理性和行为偏差的影响，而银行作为信贷资金的主要供给者，其情绪的过度乐观或过度悲观通过改变信贷供给和流动性创造作用于经济周期波动。基于以上思考和前面的研究结论，本章将根据中国信贷体系结构特征，分析银行情绪通过信贷供给渠道对经济周期波动的影响效应。

第一节 银行情绪影响经济周期的信贷传递渠道分析

银行情绪对经济周期的影响以信贷供给为主要传递渠道。具体而言，银行乐观情绪引发银行贷款标准放松，进而激发信贷繁荣，但情绪驱动的信贷泡沫终将破裂，银行情绪向悲观转化导致信贷紧缩，这一过程构成了信贷周期形成的基础条件，不仅增加了银行乃至整个金融系统的风险，而且加剧了宏观经济波动。本书研究的切入角度契合了当前信贷周期（credit cycle）研究的发展方向。[①] 信贷周期对经济周期波动的影响日益显著，已在全球范围内被视作金融和经济危机爆发的根源。有关研究证明信贷市场主体情绪通过信贷周期波动引起经济周期波动，银行情绪是经济波动的重要内生驱动力（Bordalo et al.，2016；López – Salido et al.，2017）。银行对未来的预期过度依赖于当前经济形势。当经济基本面消息较好时，银行会过度乐观，在信贷决策过程中忽视风险，扩张信贷规模，推动经济向上。但银行情绪不会一直乐观，一旦出现负面消息，银行情绪会迅速转为悲观，银行为规避风险收缩信贷规模，对宏观经济形成明显的负向影响。本书通过理论模型模拟了上述机制，在这一传导机制中信贷周期可视为银行情绪影响经济周期波动的作用媒介。

如果上述银行情绪对经济周期波动的作用机制存在，那么这一机制在中国将更为显著。其原因在于：首先，中国信贷周期对宏观经济的影响更为突出。中国属于典型的银行主导型金融体系国家，银行业资产占社会金融资产比例极高。以间接融资为主的社会融资方式为信贷周期形成提供了得天独厚的条件，将金融风险过度集中于银行部门，而且增加了信贷市场脆弱性，为信贷风险向宏观经济的传递埋下了隐患。另外，中国银行业的内部结构还不够均衡，大型商业银行资产占银行业金融机构资产总额比例高达46.9%，[②] 在国民经济发展过程中发挥了举足轻重的作用。国有控股银行在委托代理关系下普遍存在不同程度的"内部人控制"问题，容易形成管理层意志左右公司战略和经营决策的现象（李波和单漫与，2009）。理论上只要存在委托代理关系，"内部人控制"问题就必然存在，股份制银行同样无法独善其身（广东金融学院中国金融

[①] 西方学者对信贷周期的研究可以追溯到1844年银行学派代表人物图克（Thomas Tooke）对于货币数量论收入分配法的批判，但直到新奥地利学派奠基人哈耶克（Friedrich A. Hayek）在其经济周期理论中采用"跨期均衡"分析方法讨论信贷周期，该领域研究才取得重大突破。

[②] 中国人民银行发布的《中国金融稳定报告（2018）》。

转型与发展研究中心银行改革组，2006）。总之，银行管理层脱离监管与规范决策程序制约，将个人有限理性情绪转化成银行预期对信贷规模及投向构成干预，都可以视为有利于情绪驱动信贷周期形成的经济环境因素。

其次，中国影子银行迅速发展为银行情绪提供了更加广阔的作用空间。虽然近年来，金融中介特别是商业银行信贷在经济周期波动中的重要作用得到学术界的普遍认同，国内外大量研究从信贷周期与宏观经济角度入手，分析金融中介部门在经济危机中扮演的角色，证明了信贷波动对经济周期的重要驱动作用（Gertler & Kiyotaki，2010；Gertler & Karadi，2011；江曙霞和何建勇，2011；黄志刚，2012）。但影子银行并未被纳入上述研究框架内。实际上，将影子银行纳入信贷供给范畴进行传递性研究，有助于突破当前习惯思维下普遍存在的一个片面认识，那就是处于严格监管下的中国银行体系没有情绪释放的空间和能力。根据中国影子银行信贷特点，银行情绪在影子银行信贷渠道的传递效应与本书理论分析模型模拟条件更为符合，因而对该机制进行验证能为本书研究提供更有力的证据。

表面上看，中国长期实施的数量型货币政策以银行信贷为主要传导渠道，因此在防范银行信贷风险的职能基础上，赋予了银行监管一定的货币政策调控内涵，造成了在从限制型监管向审慎型监管过渡中，以人民币存贷款为主的银行资产负债表内业务（以下简称表内业务）受到了诸如利率管制和存贷比限制等一系列较为严苛的金融抑制。尤其在全球金融危机后的加强银行监管背景下，宏观审慎监管理念下的逆周期资本缓冲要求等多重监管规则又进一步对银行表内业务形成约束，导致表内贷款规模增减的调整需要首先符合监管及宏观调控政策要求，从而挤压了银行情绪施加影响的空间。然而，与银行表内业务受到严格监管形成强烈对比的是以银行理财为代表的表外业务规模的迅猛扩张。表外信贷体系对宏观经济的影响也不断增强。

近年来，关于中国影子银行对宏观经济影响的研究也日益丰富，大量研究证明了影子银行对信贷体系和宏观经济具有负面影响。例如，庄子罐等（2018）研究发现影子银行导致信贷市场不稳定性加剧，是短期内扩大经济波动的重要驱动因素。郭娜等（2018）的研究表明表外信贷为银行提供了低监管、高收益的资金投放渠道。影子银行的迅速发展导致信贷杠杆过高，系统性金融风险大量集聚。李建强等（2019）对影子银行、表内信贷与货币政策的研究表明，影子银行能够引发流动性的"水船效应"，当实施紧缩货币政策时信贷规模虽然有所降低，但推动了影子银行资产扩张，这大大地削弱了货币政策有效性。

总之，由于中国影子银行本质上是银行信贷资金的表外转移，是中国间接融资的重要组成部分，因此中国影子银行信贷不仅能够推动经济周期波动，加剧金融风险和脆弱性，还受到银行情绪的影响，为银行情绪释放提供空间。基于中国影子银行形成特点和上述经济波动效应，本书推断影子银行是银行情绪影响宏观经济波动的中间渠道。

第二节　研究假设和实证方案

一、研究假设的提出

将银行情绪嵌入信贷周期与经济周期波动的分析框架内，银行情绪可以视为信贷周期的驱动器，而信贷波动可以作为银行情绪作用于宏观经济的中介渠道。然而，在传统信贷周期理论以及现阶段的实践过程中，为应对信贷顺周期性，货币政策调控和宏观审慎监管对于防范和化解信贷风险的作用同样不容忽视。这就意味着，虽然银行情绪基于经济基本面信息形成对信贷决策和供给的顺周期影响，有关政策调控也同时在发挥逆周期调控的重要作用。因此对银行情绪通过信贷周期对宏观经济的传导机制检验，本书将影子银行与表内信贷作为银行情绪的传递渠道，根据上面的分析提出本章假设：银行情绪能够通过信贷供给变化对宏观经济产生影响，这一机制在表外信贷渠道更为明显。

二、实证方案

为研究信贷供给在银行情绪对经济周期影响中的作用，本书运用反事实结构向量自回归模型对信贷供给的中介作用进行识别和估计。反事实分析方法较为广泛地应用于经济人情绪波动传递和影响的研究中。例如，王（Wong，2015）运用该方法验证了石油价格是否通过通胀预期影响通货膨胀率，张成思和孙宇辰（2018）利用该方法对中国货币政策的信心传递渠道进行了验证。该模型的核心思想在于将冲击指标、传递指标和最终响应指标间的传导机制分为直接效应和间接效应两个层面。在建立的 SVAR 系统中，首先运用脉冲响应函数对混合效应进行检验，其次通过控制冲击指标对传递指标的冲击，观察响应指标对传递指标的脉冲响应水平是否发生变化。如果变化明显则证明中介传递效应存在，如果传递效应变化不明显，那么这种中介传递效应则不存在。

按照上述思路，将银行情绪对经济周期的作用机制分为银行情绪对经济周期波动的直接效应和经过表内外信贷对经济周期波动的间接效应。在建立 SVAR 模型的基础上，控制银行情绪对信贷供给的脉冲水平，分析银行情绪影响经济周期波动的间接效应是否发生明显变化。具体实证方案如下。

1. 构建基准 SVAR 模型

为了进一步进行反事实分析，首先建立银行情绪、信贷供给与经济周期间的 SVAR 模型，验证银行情绪对信贷指标和宏观经济的作用与反馈机制。SVAR 模型由西姆斯（Sims，1986）提出，具有能够解释变量间的同期作用关系，反映各变量对独立随机扰动项冲击的响应，识别结构化冲击的优点。SVAR 模型通常根据经济理论和研究假设设定短期约束条件，或对结构的无穷阶向量移动平均 $[VMA(\infty)]$ 形式的系数矩阵设定长期约束条件。本章研究银行情绪对宏观经济的冲击，根据情绪的特点和相关经济理论，构建三变量 SVAR 模型。该模型可以明确系统内各个内生变量当期结构关系，并且可以直观分析标准正交随机扰动项对系统产生

冲击后的影响情况。具体模型形式为:

$$A_0 y_t = \sum_{j=1}^{p} A_j y_{t-j} + \varepsilon_t \qquad (6.1)$$

其中,$y_t = [sentiment, credit, output]'$,分别代表银行情绪、信贷波动(表内外信贷供给)和宏观经济波动,A 是系数矩阵,p 是滞后阶数,ε_t 是变量间的正交结构式冲击,满足 $E(\varepsilon_t) = 0$,$E(\varepsilon_t \varepsilon'_t) = I_n$。模型滞后阶数综合考虑前文银行情绪指数区制划分结果和黄(Wong,2015)的研究,设定为 4 阶,确保银行情绪转化结构清晰,同时可以充分捕捉变量间的短期和长期关系。根据上面的银行情绪对信贷供给和经济周期产生影响的研究结果,结合实际情况和经济理论,模型约束条件如下:第一,根据理论分析和前面的结论,银行情绪变化影响信贷供给。从数据性质来看,央行调查问卷数据在每年 3 月、6 月、9 月、12 月完成采集和公布,季度信贷数据统计需要在当季结束后才能开展,二者存在一定的时间差,加之本书的银行情绪指数合成过程中还包含部分上一季度的原始指标,因而当期情绪影响信贷供给,但不依赖于当期信贷供给情况,所以 $a_{12} = 0$。第二,银行情绪和信贷指标是经济波动的前瞻性指标,不受当期 GDP 波动影响,所以 $a_{13} = a_{23} = 0$。该模型中,当期真实 GDP 增量受银行情绪和信贷供给指标影响。银行情绪通过表内外信贷影响宏观经济的模型形式分别为:

$$\begin{pmatrix} 1 & 0 & 0 \\ a_{21} & 1 & 0 \\ a_{31} & a_{32} & 1 \end{pmatrix} \begin{pmatrix} Sentiment_t \\ Grossloan_t \\ output_t \end{pmatrix} = \sum_{j=1}^{p} A_j \begin{pmatrix} Sentiment_{t-j} \\ Grossloan_{t-j} \\ output_{t-j} \end{pmatrix} + \begin{pmatrix} \varepsilon_{1t} \\ \varepsilon_{2t} \\ \varepsilon_{3t} \end{pmatrix} \qquad (6.2)$$

$$\begin{pmatrix} 1 & 0 & 0 \\ a_{21} & 1 & 0 \\ a_{31} & a_{32} & 1 \end{pmatrix} \begin{pmatrix} Sentiment_t \\ Shadowbanking_t \\ output_t \end{pmatrix} = \sum_{j=1}^{p} A_j \begin{pmatrix} Sentiment_{t-j} \\ Shadowbanking_{t-j} \\ output_{t-j} \end{pmatrix} + \begin{pmatrix} \varepsilon_{1t} \\ \varepsilon_{2t} \\ \varepsilon_{3t} \end{pmatrix}$$

$$(6.3)$$

公式(6.1)两边同时左乘 A_0^{-1},可以得到 SVAR(p)模型的简化形式:

$$y_t = A_0^{-1} \sum_{j=1}^{p} A_j y_{t-j} + A_0^{-1} \varepsilon_t \qquad (6.4)$$

公式（6.4）可以进一步简化为 VAR（1）模型：

$$\boldsymbol{X}_t = \boldsymbol{\Lambda} \boldsymbol{X}_{t-1} + \boldsymbol{v}_t \tag{6.5}$$

其中：

$$\boldsymbol{X}_t = \begin{pmatrix} y_t \\ y_{t-1} \\ \vdots \\ y_{t-p+1} \end{pmatrix}, \boldsymbol{\Lambda} = \begin{pmatrix} A_0^{-1}A_1 & A_0^{-1}A_2 & \cdots & A_0^{-1}A_p \\ I & 0 & \ddots & 0 \\ 0 & \ddots & \ddots & \vdots \\ \cdots & \cdots & I & 0 \end{pmatrix}, \boldsymbol{v}_t = \begin{pmatrix} A_0^{-1}\varepsilon_t \\ 0 \\ \vdots \\ 0 \end{pmatrix} \tag{6.6}$$

公式（6.6）可以变形为：

$$\boldsymbol{X}_t = \boldsymbol{\Lambda} \boldsymbol{X}_{t-1} + v_t = \boldsymbol{\Lambda}(\boldsymbol{\Lambda} \boldsymbol{X}_{t-2} + v_{t-1}) + \boldsymbol{v}_t$$

$$= \boldsymbol{\Lambda}^n \boldsymbol{X}_{t-n} + \sum_{i=1}^{n} \boldsymbol{\Lambda}^{n-i} v_{t-i} \tag{6.7}$$

在 $h = 1, 2, \cdots, H$ 的各期，SVAR 系统对 ε_{t-i} 的脉冲响应为 $\Lambda^{h-i} v_{t-i}$。具体来看，当受到变量 q 一单位冲击时，变量 i 在 $h = 1, 2, \cdots, H$ 的响应为：

$$\phi_{i,q,h} = e_i \Lambda^{h-1} A_0^{-1} f_q \tag{6.8}$$

e_i 是第 i 位数值为 1，其他均为 0 的 1×3 的响应变量选择行向量。f_q 为第 q 位数值为 1，其他均为 0 的 3×1 的脉冲变量选择列向量。

$$\boldsymbol{X}_t = \begin{pmatrix} y_t \\ y_{t-1} \\ \vdots \\ y_{t-p+1} \end{pmatrix}, \boldsymbol{\Lambda} = \begin{pmatrix} A_0^{-1}A_1 & \cdots & \cdots & A_0^{-1}A_p \\ I & 0 & \ddots & 0 \\ 0 & \ddots & \ddots & \vdots \\ \cdots & \cdots & I & 0 \end{pmatrix}, \boldsymbol{v}_t = \begin{pmatrix} A_0^{-1}\varepsilon_t \\ 0 \\ \vdots \\ 0 \end{pmatrix} \tag{6.9}$$

2. 构建反事实分析模型

通过对上述基本 SVAR 模型的估计，可以得到银行情绪对经济周期的作用机制，这种影响可以分为银行情绪导致经济波动的直接影响和银行情绪经过信贷供给渠道对经济周期的间接影响。为了分辨信贷供给是否在其中发挥中介作用，参考西姆斯和查（Sims & Zha，2006）、凯利安和李维斯（Kilian & Lewis，2011）以及黄（2015）的研究方法，构建信贷供给对银行情绪的随机扰动项，使其恰好可以抵消银行情绪在 $h = 1$，$2, \cdots, H$ 对信贷供给的冲击 $\phi_{2,1,h}$。随后可以得到以下"反事实"：银行情绪对经济周期的直接影响不变，但信贷供给不受银行情绪的影响，即关闭了银行情绪的信贷传递渠道。比较基准模型与反事实模型的脉冲响应结果，如果信贷波动是银行情绪的重要渠道，那么反事实模型的信贷波动对经济产出的脉冲响应结果将与未约束银行情绪冲击的基本模型估计结果存在较大偏差。

为了抵消间接效应，首先需要计算信贷供给对银行情绪冲击的响应，再根据银行信贷供给对自身扰动项的响应方程，计算出虚拟扰动项。第一期银行信贷对一单位银行情绪冲击的响应为：

$$\phi_{2,1,1} = e_2 A_0^{-1} f_1 = A_0^{-1}(2,1) \tag{6.10}$$

其中，$A_0^{-1}(2,1)$ 是矩阵 A_0^{-1} 的第二行第一个元素。银行信贷供给对自身扰动项的响应方程为：

$$\phi_{2,2,1} = e_2 A_0^{-1} f_2 = A_0^{-1}(2,2) \tag{6.11}$$

为了移除间接效应，令第一期的虚拟扰动项 $\varepsilon_{2,1}$ 满足以下条件：

$$\varepsilon_{2,1} = -\frac{\phi_{2,1,1}}{e_0 A_0^{-1} f_2} = \frac{A_0^{-1}(2,1)}{A_0^{-1}(2,2)} \tag{6.12}$$

通过递推可以计算出以后各期的虚拟扰动项数值：

$$\varepsilon_{2,h} = -\frac{\phi_{2,1,1} + \sum_{j=1}^{h-1} e_2 \Lambda^{h-j} A_0^{-1} f_2 \varepsilon_{2,j}}{e_0 A_0^{-1} f_2}, \ h = 1,2,\cdots,H \tag{6.13}$$

将虚拟扰动项加入原脉冲响应方程，可以对冲银行信贷渠道的间接效应，最终得到的反事实脉冲响应函数为：

$$\tilde{\phi}_{i,1,h} = \phi_{i,1,h} + \sum_{j=1}^{h} e_i \Lambda^{h-j} A_0^{-1} f_2 \varepsilon_{2,j} \tag{6.14}$$

$\tilde{\phi}_{i,1,h}$ 是基准 SVAR 模型去除银行信贷中介效应后的响应，通过对比混合效应 $\phi_{i,1,h}$ 和直接效应 $\tilde{\phi}_{i,1,h}$ 就可以估计出银行情绪波动的信贷中介效应是否存在。

三、指标选取与处理

本章运用反事实 SVAR 模型，分析银行情绪冲击能否通过表内外信贷渠道对经济周期形成影响。银行情绪采用前文构建的银行情绪指标，本书构建的银行情绪指标的样本区间为 2009 年第 3 季度至 2019 年第 3 季度，样本量较少，容易导致模型无法进行估计或者估计结果偏误。因此本书对银行情绪指数进行补齐。采用与第二章相同的方法，选取《银行家调查问卷报告》自 2004 年起公布的银行家宏观经济信心指数、银行业景气指数、贷款需求指数和货币政策感受指数合成四指标的银行情绪指数，进一步构建该指数与 2009 年银行情绪指数的回归模型，利用四指标银行情绪数据对短样本银行情绪指数进行插补，补齐后样本区间为 2004 年第 2 季度至 2019 年第 3 季度。

表内外信贷指标分别选取金融机构人民币贷款余额和影子银行贷款规模指标，其中影子银行贷款规模参考李文喆（2019）对中国影子银行的定义和测算方法计算得到，上述原始数据来源于人民银行网站。宏观经济指标选取不变价 GDP，数据来源于国家统计局。由于银行情绪指数为季度数据，所以对金融机构人民币贷款余额、影子银行规模和不变价 GDP 进行降频处理，选取每季度最后一个月数据代表季度数据。为消除各指标季节因素和不规则因素的影响，本章银行情绪指数、金融机构人民币贷款余额、影子银行贷款规模以及不变价 GDP 原始数据进行了 X - 12 季节调整。为缩小指标量纲差异，本书对金融机构人民币贷款余额、影子银行贷款规模以及不变价 GDP 进行一阶对数差分，最终加入模型的是：银行情绪指数、金融机构人民币贷款增长率、影子银行贷款增长率和不变价 GDP 增长率，分别表示为：*Sentiment*、*RMBL*、*SB* 和 *RGDP*，样本区间为 2004 年第 2 季度至 2019 年第 3 季度。本章所有数据处理与模型估计运用 Eviews 10 和 Matlab 完成，变量的描述性统计结果见表 6 - 1。加入 SVAR 模型的变量需要指标序列平稳，因此对各指标进行了平稳性检验，篇幅原因稳健性检验表略，结果表明各指标均为平稳序列，不存在长期均衡关系。

表 6-1　　　　　　　　　　变量描述性统计

类别	Sentiment	RMBL	SB	RGDP
均值	-0.002	3.468	5.092	2.760
中间值	-0.029	4.684	4.665	2.191
最大值	2.748	54.099	20.873	26.549
最小值	-2.364	-85.738	-4.896	-0.118
标准差	1.271	24.132	4.763	3.533
偏度	0.290	-0.937	0.668	5.561
峰度	2.639	5.654	4.095	36.262
J-B 统计量	1.184	26.820	7.582	3126.364
概率	0.553	0.000	0.023	0.000
样本量	61	61	61	61

第三节　实证结果分析

一、结构向量自回归模型结果分析

本章分别构建银行情绪、金融机构人民币贷款增长率、实际 GDP 增长率和银行情绪、影子银行规模增长率、实际 GDP 增长率的滞后 4 阶结构向量自回归模型。由图 6-1 表内外信贷增长率的历史分解结果可以看出，银行情绪对表内外信贷供给具有显著影响，表内外信贷对银行情绪的冲击较为敏感。值得关注的是，2008 年全球金融危机后，银行情绪出现了较大波动，其间表内外信贷供给对银行情绪冲击极为敏感，这说明这一时期银行情绪波动对表内外信贷供给具有较为显著的冲击。

从具体影响情况来看，2012 年以前银行情绪对表内信贷影响较大，2012 年以后这种影响逐渐减弱。这背后的原因在于，自 2012 年起中国银行业开始实施《巴塞尔协议Ⅲ》要求的有关监管标准，严格的表内资本缓冲要求和流动性监管在一定程度上削弱了银行情绪的冲击效应。与之对应的是，2012 年后银行情绪对影子银行信贷不稳定性的影响更为明显，表明中国银行体系情绪在监管薄弱领域获得释放空间。此外，2012 年后表内外信贷供给增长较为和缓，尤其是影子银行情绪增长率，但历史分解结果显示出银行情绪对其稳定性的冲击十分明显。综上所述，银行情绪冲击对表内外信贷稳定性影响突出。本书将进一步构建反事实模型分析表内外信贷是否将上述冲击效应传递给宏观经济。

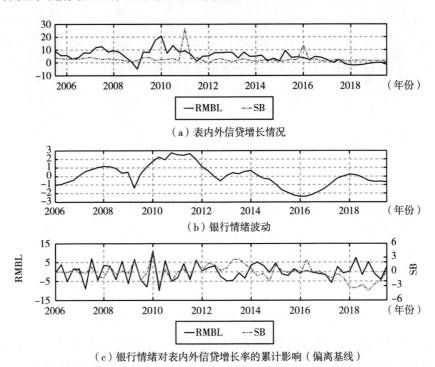

（a）表内外信贷增长情况

（b）银行情绪波动

（c）银行情绪对表内外信贷增长率的累计影响（偏离基线）

图 6 - 1　银行情绪冲击表内外信贷增长率的结果

二、反事实结果分析

SVAR 模型估计的表内外信贷供给和经济周期波动对银行情绪的脉冲响应和反事实结果见图 6 - 2，其中实线为基准结果，虚线为反事实结果，阴影区域为基准模型 90% 的误差带，通过 Bootstrap 方法构建，重复次数为 2000。为对脉冲响应结果进行更直接经济解释，此处将银行情绪在 0

期对自身的冲击标准化为10%，据此可以得到银行情绪增长10%对经济
波动的影响。

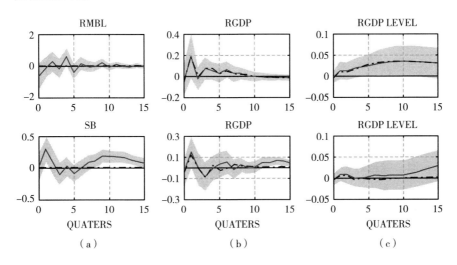

图 6 - 2　反事实脉冲响应

注：（a）表示银行情绪对信贷供给的脉冲结果，（b）表示银行情绪对经济周期波动的脉
冲结果，（c）表示银行情绪对经济周期波动的累计脉冲结果。

　　银行情绪对表内外信贷供给影响明显。人民币贷款供给和影子银行
贷款供给都随着银行情绪变化而变化，而且银行情绪变化在短期导致金
融机构人民币增长率显著下降和影子银行增长率的增加，该结果与历史
分解结果一致，也与前文银行情绪对信贷周期影响的实证检验结果相符
合。银行情绪更为乐观的变化反而导致表内信贷供给减少，再一次说明
银行在受到严格监管和逆周期调控情况下，自身情绪处于压抑状态，影
响力未能得到充分释放。而在表外业务中，银行情绪的乐观转变直接引
发表外信贷供给的增长，表明监管薄弱业务领域银行情绪能够较为充分
地转化为根据自身意愿和预期的信贷决策，从而引发监管外的信贷波动。
此外，同时考虑银行情绪对表内外信贷供给的影响情况，虽然有关监管
和调控措施有效抑制了银行情绪驱动下的表内信贷顺周期波动，但银行
在乐观情绪作用下存在调节银行信贷资金投向的可能性，即乐观银行情
绪驱动下，银行虽然响应表内监管要求，收缩信贷规模，但是会在监管
缺位的表外信贷体系实施扩张性策略。说明银行情绪高涨会引导银行在

经营决策中倾向于规避监管和主动承担风险，这不仅加剧了银行体系风险，还使调控和监管措施实施效果大打折扣。

银行情绪经由表内信贷供给对经济周期的影响较弱。图 6 - 2 第一行结果显示，虽然银行情绪变化能够引发表内信贷供给波动，但是这种变化的传递效应并不明显。具体来看，控制银行表内信贷的间接效应后，银行情绪对实际 GDP 的影响与基础模型结果基本一致。虽然银行情绪对经济周期的间接效应不显著，但从直接效应来看，在表内信贷与经济波动体系内，银行情绪增长会导致经济周期的短期正向波动，这种影响在第 6 期后逐渐收敛。

银行情绪经由影子银行信贷供给对经济周期的影响较为明显。图 6 - 2 第二行结果表明，银行情绪变化能够引发表外信贷供给波动，并通过影子银行信贷传递给经济周期。值得关注的是，在影子银行信贷与经济波动体系内，银行情绪对经济周期的直接影响在第 4 期后逐渐收敛，但混合效应结果显示：第一，银行情绪增长在第 4 期后对经济周期的扩张效应显著；第二，银行情绪通过表外信贷对经济周期的冲击更为持久；第三，混合效应下银行情绪对实际 GDP 的累积影响逐渐增强，即银行情绪通过表外信贷渠道的传递效应具有明显的持续性和累计性。对比表内外信贷供给渠道对银行情绪的波动传递效应。很明显表外信贷供给是银行情绪波动的传递渠道。影子银行体系的存在导致银行情绪对宏观经济的冲击更加剧烈且持续时间更长。

第四节　银行情绪影响经济周期的信贷供给传导机制的稳健性分析

构建 VAR 模型的估计结果对变量滞后阶数敏感性较高，本书进一步对模型滞后阶数设定进行敏感性检验。由于综合考虑变量间波动传递过程，选择滞后阶数为 4 阶，即考虑变量间 4 个季度的波动传递性。为了验证上述研究结论的稳健性，本书还将滞后阶数设定为滞后 2 阶和 6 阶，验证短期和长期滞后状态下，银行情绪对经济周期的波动传递性是否发生变化。图 6 - 3 分别给出了模型滞后阶数设定为 2 阶和 4 阶时，实际 GDP 增长率对表内外信贷渠道银行情绪冲击的脉冲响应以及反事实分析结果。

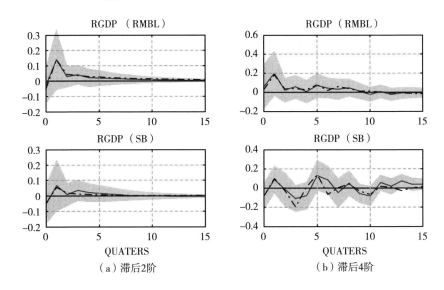

（a）滞后2阶　　　　　　（b）滞后4阶

图 6 - 3　滞后阶数稳健性结果

可以看出，银行情绪通过表内信贷渠道对经济周期影响较小的结论对滞后阶数变化并不敏感，说明银行情绪通过表内信贷供给渠道对经济周期的冲击并不明显。与表内信贷传递渠道相对比，银行情绪在不同滞后阶数下均可以通过影子银行贷款渠道对经济周期产生影响，而且随着滞后阶数延长，银行情绪通过影子银行贷款对经济周期的扩张效应更明显也更持久，说明随着滞后时期延长，银行情绪的自我增强和波动传递效应也不断扩大，具有明显的长期传导效应。综上所述，在 2004 年第 3 季度至 2019 年第 3 季度的样本区间内，本书研究结果稳健。

本书进一步对银行情绪原始指标稳健性进行检验。考虑到 2004 年第 3 季度至 2019 年第 3 季度的样本区间内包含全球金融危机的极端事件，加之 2004 年第 3 季度至 2009 年第 3 季度数据为插补数据。采用 2009 年第 3 季度至 2019 年第 3 季度原数据进行进一步建模分析，模型滞后阶数与前面保持一致，结果见图 6 - 4。结果表明，与全样本区间相比，银行情绪通过表内信贷对经济波动间接效应增强，银行情绪通过表外信贷对经济波动的间接效应与本书结论一致。从累计脉冲响应结果可以看出，自2009年后银行情绪高涨对经济周期的影响受到经由表内信贷渠道的约束，这表明随着中国银行体系表内信贷监管机制的完善和改进，银行情绪波动对经济周期的影响得到一定抑制。银行情绪高涨经由表外信贷对经济周期的总体负向影响被放大，这说明中国表外信贷渠道放大了银行情绪波动对经济周期的负面影响，这与金融危机后中国影子银行贷款规模迅速增长成为不容忽视的信贷供给渠道，且在监管缺位的情况下累计大量风险有着密切关系，因此加强影子银行贷款监管，尽快将其纳入表内监管体系十分必要。

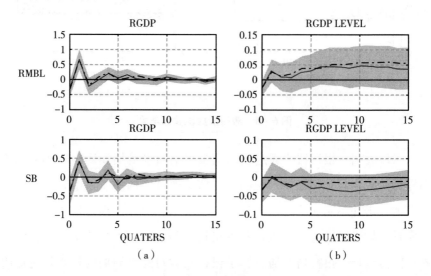

图6-4　2009年第3季度至2019年第3季度反事实分析结果

注：（a）表示银行情绪对经济周期波动的脉冲结果，（b）表示银行情绪对经济周期波动的累计脉冲结果。

第五节　本章小结

本章采用银行情绪指数构建了以表内外信贷供给为传递中介的反事实结构向量自回归模型，检验了银行情绪通过表内外信贷供给对宏观经济的波动传递效应。

　　本章的主要结论为：第一，银行情绪对表内外银行信贷具有显著影响，银行情绪是表内外信贷的重要驱动因素，银行情绪与信贷周期波动密切相关，是其重要前瞻性指标，这一结果与前面的模拟分析和实证检验结果一致。第二，银行情绪能够通过影子银行贷款渠道对宏观经济形成显著的冲击效应，而银行情绪对表内信贷的影响并未显著通过该渠道传递给宏观经济，这在一定程度上反映出我国银行情绪的存在性和在弱监管领域具有释放空间，也证明了缺乏监管的信贷波动具有天然的顺周期性，在银行情绪的驱动下成为金融体系风险的重要来源。第三，2009年以来，有关监管和调控措施有效地抑制了银行情绪驱动下的表内信贷顺周期波动，银行情绪高涨对宏观经济的直接冲击受到表内信贷渠道的约束，这表明随着中国银行体系表内信贷监管和调控机制的完善和改进，银行情绪波动对宏观经济的影响得到一定抑制。但是银行在乐观情绪作用下存在调节银行信贷资金投向的可能性，银行情绪高涨经由表外信贷对宏观经济的总体负面影响被放大，揭示了银行情绪高涨会引导银行在经营决策中规避监管和主动承担风险，通过改革和创新金融工具实现影子银行规模扩张，这不仅加剧了银行体系风险，还使调控和监管措施实施效果大打折扣。

第七章

银行情绪异质性的经济周期
波动效应检验

通过上面的研究和检验，厘清了银行情绪通过表内外信贷供给渠道对经济周期的冲击，在此基础上本章进一步验证银行情绪异质性作用下的经济周期波动特征。根据前面的分析，情绪积极乐观状态和消极悲观状态交替出现，呈现周期波动规律，并且受主观心理因素影响具有有限理性特征。有关研究表明乐观—悲观异质情绪对经济周期波动具有非对称性影响，悲观情绪对宏观经济的负面影响更为严重，也有研究发现过度乐观或悲观的极端非理性情绪会引发经济衰退甚至是危机（Assenza et al.，2017；Bordalo & Gennaioli，2018）。因此，根据情绪的异质性特点，本章进一步探究信贷供给和经济周期波动体系中，不同情绪状态下银行情绪和表内外信贷供给对经济周期波动的作用机制。根据情绪乐观和悲观异质性，在不同情绪状态下，银行情绪和表内外信贷对经济周期波动的影响是否有所不同？根据情绪理性—有限理性异质性，银行情绪对经济周期的冲击和传导效应在有限理性状态下是否会被扭曲或者放大？深入分析银行情绪不同状态下对信贷体系和宏观经济的具体影响，利用好异质性银行情绪对宏观经济的作用机制，能够为实施靶向银行情绪调控提供参考，有利于提高宏观调控政策效率。此外，明确银行有限理性情绪对信贷体系和宏观经济的影响特征，有利于防范和化解有限理性情绪驱动下的信贷和金融风险暴露，控制和削弱系统性金融风险向宏观经济的负外部溢出。

第一节　银行情绪异质性的经济周期波动
效应检验的假设提出

　　情绪转化在金融危机中发挥重要作用。当经济繁荣时，投资者情绪高涨并扩大投资，贷款人也更加偏好风险并扩大信贷规模，市场参与者普遍乐观，市场由理性繁荣逐步走向非理性繁荣，乐观情绪进一步刺激投资和消费，经济进入投资亢奋期，当高涨情绪达到顶点，一些意外事件的发生会终止资产价格上涨，随之而来的是市场普遍的恐慌和崩溃（Kindleberger，2000）。上述情绪与经济的相互作用中蕴含了乐观—悲观和理性—有限理性的情绪异质性特征。

　　银行情绪的转化过程也存在上述特征：第一，银行情绪的乐观、悲观变化能够影响信贷周期进而通过信贷渠道传递给宏观经济。从情绪驱动信贷周期理论出发，"好消息"会导致过度乐观，推动信贷息差缩小，信贷数量扩张。但情绪受到"坏消息"冲击时会发生内生性反转，造成信贷规模剧烈紧缩，引发宏观经济波动（Greenwood et al.，2019）。事实上，这种情绪变化引起的信贷和经济波动具有非对称性，即在不同银行情绪状态下，上述机制呈现出异质性特点。例如，阿森扎等（Assenza et al.，2017）构建市场参与者信心的动态均衡模型，证明与乐观情绪的积极经济驱动作用相比，消极情绪对经济的负面影响更加深远，负面消息影响下情绪的极度悲观将加速和放大经济危机，并延缓经济复苏。

　　据此提出本章假设：

　　假设 7 – 1：乐观—悲观银行情绪状态影响下，银行情绪和表内外信贷供给对宏观经济的影响具有不同作用特征。

　　第二，基于银行情绪的有限理性特征，理性和有限理性银行情绪波动通过影响信贷波动触发金融加速器效应，传递和放大经济冲击，引起更加剧烈的宏观经济波动的作用机制可能存在差异。具体机制为：当经济形势发生负向波动时，银行预期未来经济下行，在有限理性因素的影响下，银行情绪可能出现过度悲观预期，为规避风险银行会提高贷款标准和贷款利率，减少贷款发放，这种过度信贷收缩导致企业外部融资成本上升，企业因资金融通困难减少生产，引发企业未来收益下降和抵押资产缩水，导致银行更加悲观并进一步缩紧信贷，触发金融加速器效应，最初的负向冲击被放大，进而引起经济衰退；而当经济形势向好时情形恰恰相反，银行投资收益增加，银行往往对未来经济产生过度乐观的预期，因而放松贷款标准并降低利率，企业由于外部融资成本降低，会增加外部融资扩大生产，下一期生产扩大收益增多，企业抵押资产增值，银行情绪会更加乐观并扩大信贷规模，如此导致经济过热直至泡沫破裂引发经济危机。在这一过程中，过度乐观和悲观情绪对信贷决策和宏观经济产生过度影响，具体波动传递效应与理性状态下存在不同。

据此提出本章假设：

假设 7 - 2：理性—有限理性银行情绪状态下，银行情绪和表内外信贷供给对宏观经济的影响呈现不同的作用机制。

第二节　银行情绪异质性的经济周期波动
效应的实证方案

根据前面的分析可知，银行情绪波动，尤其是极端情绪变化会通过金融加速器机制传递和放大各种基本面冲击，这意味着银行情绪对宏观经济波动的影响存在非对称性，一方面，相对于乐观积极状态，在悲观状态下，银行情绪和表内外信贷对宏观经济造成的不良后果更严重；另一方面，相对于理性状态，在有限理性状态下，银行情绪对宏观经济以及表内外信贷对宏观经济波动的影响更大。为检验这一非对称性效应，本书采用了门限回归模型（TAR 模型），该模型最早由童（Tong，1978）提出，是目前被广泛使用的主流非线性模型之一。蔡（Tsay，1998）将TAR 模型与向量自回归模型（VAR 模型）相结合，提出了 TVAR 模型的简化建模和检验方法，该模型非常适合捕捉时间序列的区制依赖、非对称性和多重均衡等非线性特征。

一、两区制 TVAR 模型

假设 y_t 由 $k \times 1$ 维内生变量组成，表示为 $y_t = (y_{1t}, \cdots, y_{kt})'$；$c_i$ 是 $k \times 1$ 维常数向量，$A_{i,j}$ 是 $k \times k$ 维系数矩阵，其中 $i = 1$，2 表示划分的区制数（Regime），$j = 1$，$\cdots$，p 表示向量自回归阶数；$I(\ )$ 为指示函数，z_t 是决定区制类型的门限变量，d 表示滞后期，门限值为 r，则有：

$$I(z_{t-d}) = \begin{cases} 1, & z_{t-d} > r \\ 0, & z_{t-d} < r \end{cases}$$

两区制 TVAR 模型的一般表达式为[①]：

$$y_t = \left(c_1 + \sum_{j=1}^{p} A_{1,j} y_{t-j}\right) + \left(c_2 + \sum_{j=1}^{p} A_{2,j} y_{t-j}\right) I(z_{t-d}) + \varepsilon_t \qquad (7.1)$$

其中，ε_t 为 $k \times 1$ 维扰动项，均值为 0，门限变量 z_t 为平稳连续分布序列，一般为 y_t 的一个分量，且满足平稳性要求。

二、非线性检验

构建 TVAR 模型的前提是模型具有非线性。由于在"模型为线性"的原假设下，门限参数无法识别，因而传统的检验统计量不再服从 χ^2 分布，而且非标准分布的临界值无从获得，这就是统计检验上的"戴维斯难题"（Davies problem）。针对这一问题，通常采用的方法是在每个可能的门限值下，通过最小二乘法对门限模型进行估计。TVAR 模型被门限值分割成两个分属不同区制的系统，可以利用 Wald 检验不同区制下模型系数的差异。

Wald 统计量包括：sup-Wald 统计量表示所有可能门限值中最大的

Wald 统计量，avg-Wald 统计量表示所有可能门限值的 Wald 统计量的平均，exp-Wald 统计量表示指数 Wald 统计量之和的函数。若上述检验拒绝原假设，则可以进一步估计门限值。本书分别计算了上述三个 Wald 统计量，并参考汉森（Hansen，1996）的模拟方法，通过统计量本身的大样本分布函数转换得到大样本下的 p 值。在原假设下，p 值统计量在大样本下服从均匀分布，这种转换可以通过 Bootstrap 方法实现。通过该方法可以将门限参数的 Wald 统计量映射到已知分布的置信区间上。

三、广义脉冲响应函数

为进一步分析非线性模型中各变量在不同区制下的冲击效应，可以计算 TVAR 模型中各变量的脉冲响应函数。不同于线性情况，非线性 IRF 在分析模型受到某种冲击的系统动态影响时条件依赖于整个模型变量的初始值、冲击大小和方向，需要采用广义脉冲响应函数（以下简称 GIRF），该方法由库普等（Koop et al.，1996）提出，因具有不依赖模型中变量次序的优点而被广泛采用。GIRF 表达式为：

$$GIRF_y(n,v_i,\omega_{t-1}^s) = E[y_{t+n}|v_i,\omega_{t-1}^s] - E[y_{t+n}|\omega_{t-1}^s], n = 0,1,\cdots$$

$$(7.2)$$

其中，v_i 为产生相应的冲击，i 是冲击类型；ω_{t-1}^s 为模型 $t-1$ 时刻的历史信息集，区制 s 表示冲击到达系统的时刻；n 为预测水平，$E[\ ]$ 为期望算子。根据公式（7.2），依照区制将矩阵 ω_{t-1} 划分为两部分来分别计算 GIRF。

第三节　指标选择与处理

本章研究的核心变量是银行情绪。根据前面的合成结果，银行情绪的样本区间为 2009 年第 3 季度至 2019 年第 3 季度，样本区间较短，进行区制划分后容易导致模型无法进行估计，因此本文对银行情绪指数进行补齐。补齐后银行情绪指标样本区间为 2004 年第 2 季度至 2019 年第 3 季度，用 *Sentiment* 表示。

对银行情绪理性程度的刻画，本书采用了宏观经济学中"缺口"的计算方法，通过计算银行情绪指数缺口值来衡量银行情绪偏离理性的程度。具体操作如下：首先利用 HP 滤波分离出银行情绪指数的周期成分（Cycle）；其次计算周期成分的绝对值与银行情绪指数的比值得到 *Sentimentgap*。*Sentimentgap* 代表银行情绪的理性程度，该值越大，表明银行情绪越有可能出现过度悲观或过度乐观，即非理性程度越强。

为检验前面所述的非对称性效应，本书分别将 *Sentiment* 和 *Sentimentgap* 作为门限变量加入 TVAR 模型中，"让数据说话"，通过 TVAR 模型来检验是否存在一个门限值将 *Sentiment* 和 *Sentimentgap* 分为高低值域。其中，对于 *Sentiment*，低值域对应区制代表银行情绪处于悲观状态，而高值域对应区制则代表银行情绪处于乐观状态；对于 *Sentimentgap*，低值域对应区制代表银行情绪处于相对理性状态，而高值域对应区制则代表银行情绪处于有限理性状态，这种有限理性来自于过度乐观或过度悲观。如果存在这样的门限值，本书可以进一步利用 GIRF 检验 *Sentiment* 和 *Sentimentgap* 在高值域区制下，经济波动对于银行情绪以及表内外信贷冲击的脉冲响应是否与门限变量处于低值域区制下存在明显差异，从而验证银行情绪对宏观经济的非对称影响。

本书的 TVAR 模型由四个变量构成，除代表银行情绪状态的变量 *Sentiment* 和 *Sentimentgap* 外，还包括经济增长率、金融机构人民币贷款余额增长率和影子银行贷款规模增长率。其中，经济增长率代表宏观经济波动，同时也是模型中技术或生产率冲击的来源，为消除价格因素影响，本书选取不变价 GDP 作为代理指标。金融机构人民币贷款余额增长率代表模型中的表内信贷供给渠道，也是表内信贷冲击的来源。影子银行信贷增长率代表模型中的表外信贷供给渠道，也是表外信贷冲击的来源[1]。各指标均采用 2004 年第 2 季度至 2019 年第 3 季度的季度数据。银行情绪

---

[1]　影子银行贷款规模参考李文喆（2019）对中国影子银行的定义和测算方法计算得到。

指数、金融机构人民币贷款余额和影子银行规模原始数据来源于中国人民银行官方网站，不变价 GDP 数据来源于国家统计局官方网站。

数据处理过程如下：金融机构人民币贷款余额、影子银行规模和不变价 GDP 季度数据选取每季度最后一个月数据得到。为消除各指标季节因素和不规则因素的影响，对银行情绪指数、金融机构人民币贷款、影子银行贷款以及不变价 GDP 原始数据进行了 X – 12 季节调整，为减小指标量纲差异，本书对金融机构人民币贷款、影子银行贷款以及不变价 GDP 进行一阶对数差分。本书所有数据处理与模型估计运用 Eviews 10 和 WinRATS 7.0 完成，变量的描述性统计结果见表 7 – 1。构建 TVAR 模型要求指标平稳，因此本书对各指标进行了平稳性检验（见表 7 – 2），检验结果表明各指标均为平稳序列，不存在长期均衡关系。最终加入模型的是：银行情绪指数、银行情绪缺口指数、金融机构人民币贷款增长率、影子银行贷款增长率和不变价 GDP 增长率，分别表示为：$Sentiment$、$Sentimentgap$、$RMBL$、SB 和 $RGDP$。乐观—悲观状态划分的 TVAR 模型的迭代次序为 $RGDP$、$RMBL$、SB 和 $Sentiment$。理性—有限理性状态划分的 TVAR 模型的迭代次序为 $RGDP$、$RMBL$、SB 和 $Sentimentgap$。

表 7 –1　　　　　　　　　　描述性统计

类别	$Sentiment$	$Sentimentgap$	$RMBL$	SB	$RGDP$
均值	– 0.002	2.593	3.468	5.092	2.760
中间值	– 0.029	0.548	4.684	4.665	2.191
最大值	2.748	75.059	54.099	20.873	26.549
最小值	– 2.364	0.028	– 85.738	– 4.896	– 0.118
标准差	1.271	10.063	24.132	4.763	3.533
偏度	0.290	6.496	– 0.937	0.668	5.561
峰度	2.639	46.121	5.654	4.095	36.262
J – B 统计量	1.184	5155.030	26.820	7.582	3126.364
概率	0.553	0.000	0.000	0.023	0.000
样本量	61	61	61	61	61

表7-2 平稳性检验

变量	ADF 类型	ADF 统计量	临界值	结果
Sentiment	(0, 0, 2)	-2.444**	-1.946	平稳
Sentimentgap	(0, 0, 0)	-6.927***	-2.603	平稳
RMBL	(0, 0, 10)	-1.644*	-1.613	平稳
SB	(C, T, 0)	-4.913***	-4.118	平稳
RGDP	(0, 0, 0)	-7.722***	-4.118	平稳

注：其中检验形式（C，T，K）分别表示单位根检验方程包括常数项、时间趋势和滞后项阶数；***、** 和 * 分别表示在1%、5%和10%显著水平下通过检验。

第四节 实证结果分析

一、非线性检验结果

为保证银行情绪区制划分清晰，能够完整刻画银行情绪经由表内外信贷对宏观经济影响，并且考虑样本充足性问题，TVAR 模型滞后阶数确定为4阶。Wald 检验结果显示（见表7-3）。TVAR 模型得出的 *Sentiment* 门限值为0.175，即当 *Sentiment* 大于0.175 时，可以认为银行情绪处于乐观状态，当 *Sentiment* 小于0.175 时，可以认为银行情绪处于悲观状态；*Sentimentgap* 门限值为0.59，即 *Sentimentgap* 大于0.59 时，银行情绪处于有限理性状态，可能是过度乐观，也可能是过度悲观；*Sentimentgap* 小于0.59 时，银行情绪处于相对的理性状态。

表7-3 模型非线性检验结果

门限变量	门限值	Wald 统计量		
		sup-Wald	avg-Wald	exp-Wald
Sentiment	0.175	285.03 (0.000)	240.78 (0.000)	141.13 (0.000)
Sentimentgap	0.59	111.91 (0.000)	94.00 (0.000)	53.48 (0.000)

注：滞后阶数为4，即式（7.1）中的 d=4；括号内数值为通过汉森（1996）中提出的 Bootstrap 方法得到的 p 值，重复次数为500。

二、乐观—悲观情绪模型的脉冲响应结果分析

在确定模型非线性特征基础上，本书采用 GIRF 方法进一步分析了银行情绪乐观和悲观两种状态下，经济波动对银行情绪和表内外信贷冲击的响应差异，以揭示不同情绪状态下银行情绪通过信贷波动对于经济周期的作用机制和效果。为直观反映实证结果，图 7 - 1 给出了在乐观悲观银行情绪状态下，正、负 1 个和 2 个单位标准差的情绪和信贷冲击所引起的经济波动图。

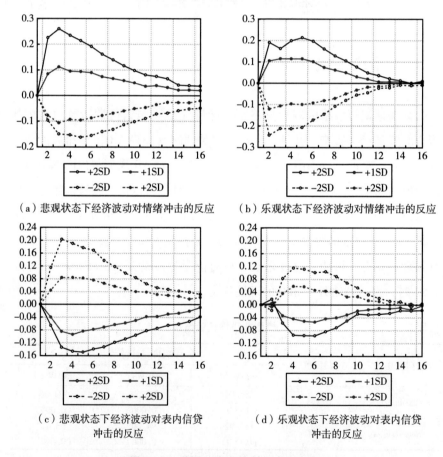

（a）悲观状态下经济波动对情绪冲击的反应　　（b）乐观状态下经济波动对情绪冲击的反应

（c）悲观状态下经济波动对表内信贷　　（d）乐观状态下经济波动对表内信贷
　　　　冲击的反应　　　　　　　　　　　　　　　冲击的反应

图 7 - 1　乐观—悲观状态下脉冲响应

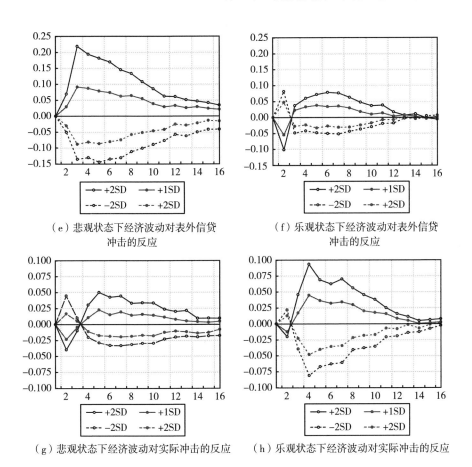

（e）悲观状态下经济波动对表外信贷　　　　（f）乐观状态下经济波动对表外信贷
　　　　冲击的反应　　　　　　　　　　　　　　冲击的反应

（g）悲观状态下经济波动对实际冲击的反应　　（h）乐观状态下经济波动对实际冲击的反应

图 7-1　乐观—悲观状态下脉冲响应（续）

　　从银行情绪、表内外信贷以及实际经济冲击对经济周期波动的作用效果来看，通过波动幅度的比较可知，当银行情绪处于悲观状态，银行情绪冲击、表内外信贷冲击引起的经济波动要比银行情绪乐观状态下更大。其中，影子银行贷款冲击被放大的最为明显，金融机构人民币贷款冲击的放大效果次之，而银行情绪冲击的放大效果在正向两个单位标准差下较为明显。实际冲击对宏观经济的影响在银行情绪乐观状态下明显被放大。对比乐观与悲观银行情绪状态下，各项冲击对宏观经济的影响，可以得出：银行情绪处于悲观状态时，银行情绪和表内外信贷对宏观经济的影响被显著扩大，同时实际经济发展对宏观经济的影响被明显抑制。

　　就经济波动的持续性来看，当银行情绪处于悲观状态下，情绪和信贷冲击引起的经济波动要比银行情绪乐观状态下持续期更长。比较正、负冲击所引发的经济波动幅度差异可以发现，银行情绪乐观状态下，宏观经济对各因素正负脉冲响应结果较为对称。而在银行情绪悲观状态下，各因素引发的正向冲击随着冲击加大边际变动也显著增加，具体而言，银行情绪、影子银行贷款和实际冲击对宏观经济的正向影响被扩大，而表内信贷对宏观经济的反向影响被扩大。这意味着悲观银行情绪状态下，宏观经济更容易受上述因素的向上驱动。

对比表内、表外信贷冲击对宏观经济的影响，还可以发现，表内信贷冲击与经济波动呈逆周期变化特征，表外信贷与经济波动呈现顺周期变化特征。这一波动差异的根本原因在于，中国表内信贷是货币政策和宏观审慎监管政策的逆周期传递渠道，逆周期效果显示出中国调控政策的有效性。但是考虑乐观与悲观银行情绪状态下，表内信贷冲击对宏观经济影响效果明显不同，这意味着银行情绪的风险性不仅表现在影子银行信贷的顺周期性，更表现在对调控政策效果的影响，因此银行情绪波动是中国金融体系乃至整体经济不容忽视的风险来源。

银行情绪悲观状态，放大了银行情绪、信贷波动对宏观经济的影响，抑制了实体经济对宏观经济的影响，导致宏观经济的不稳定性加剧，一定程度上说明了在银行情绪非对称效应的影响下，特别是银行情绪并不乐观时，信贷体系成为经济危机的根源，这一结果与学术界对情绪影响加剧经济衰退，延缓经济复苏的有关研究结论一致（Kydland & Zarazaga，2016；Krishnamurthy & Muir，2017；Bordalo & Gennaioli，2018）。而且中国经济金融不稳定，更多来源于受监管较弱的影子银行信贷体系，因而密切关注银行情绪波动的同时，更要加强对影子银行体系的监管，防范银行体系为规避风险而产生的金融工具创新。

三、理性—有限理性情绪模型的脉冲响应结果分析

本书采用 GIRF 方法进一步分析了在银行情绪相对理性和有限理性两种状态下，经济波动对银行情绪和表内外信贷冲击的响应差异，以揭示理性与有限理性状态下，银行情绪通过信贷周期对于经济周期波动的作

用机制和效果。为直观反映实证结果，本书给出了在不同银行情绪状态
下，正、负1个和2个单位标准差的情绪和信贷冲击所引起的宏观经济波
动图（见图7-2）。

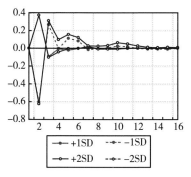

（a）理性状态下经济波动对银行情绪冲击的反应

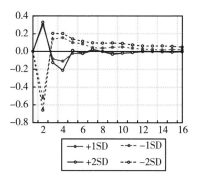

（b）有限理性状态下经济波动对银行情绪冲击的反应

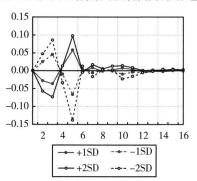

（c）理性状态下经济波动对表内信贷冲击的反应

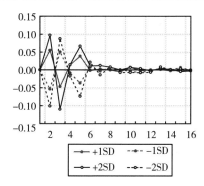

（d）有限理性状态下经济波动对表内信贷冲击的反应

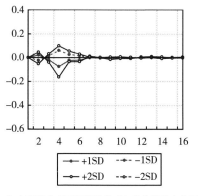

（e）理性状态下经济波动对表外信贷冲击的反应

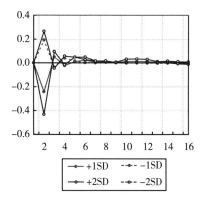

（f）有限理性状态下经济波动对表外信贷冲击的反应

图7-2　理性—有限理性状态下脉冲响应

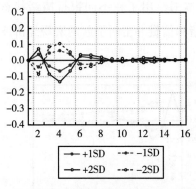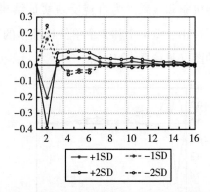

（g）理性状态下经济波动对实际冲击的反应　　（h）有限理性状态下经济波动对实际冲击的反应

图 7 - 2　理性—有限理性状态下脉冲响应（续）

从银行情绪、表内外信贷以及实际经济冲击对经济波动的作用效果来看。通过波动幅度的比较可知，当银行情绪处于有限理性状态时，银行情绪冲击、实际冲击和影子银行信贷所引起的经济波动要比银行情绪理性状态下更大。其中，实际冲击被放大的最为明显，影子银行贷款冲击的放大效果次之，而银行情绪冲击的放大效果只有在负向两个单位标准差下有较弱体现。从上述结果可知，银行情绪是经济周期波动的重要驱动力，有限理性状态下银行情绪对宏观经济的冲击被明显放大。因此可以得出：银行情绪既是宏观经济波动的重要驱动因素，同时也能触发金融加速器效应，放大宏观经济波动。

比较正、负冲击所引发的经济波动幅度差异可以发现，两种状态下均为负向冲击所引发的波动要强于正向冲击引发的波动，在情绪有限理性状态下这种负向冲击放大效果更为显著。这说明悲观银行情绪导致整个信贷体系对宏观经济的负向影响更加明显。特别是处于有限理性状态时，悲观情绪恶化经济的效应被放大。这一结果可以与行为经济学中有关情绪和信心的研究相互印证，如洛佩斯·萨利多等（2017）的行为理论模型表明，当经济基本面消息较好时，银行的情绪会过度乐观，信贷规模扩张，推动经济向上。但市场情绪通常存在内生的反转机制，因此，坏消息将引起信贷息差的急剧变动，所造成的信贷紧缩对宏观经济波动的影响也更加剧烈。当然，前述的金融加速器理论同样可以解释本书的实证结果。根据该理论，当经济基本面负向冲击出现时，信贷市场随之紧缩是触发金融加速器效应的基本条件，而其后果是导致较小的、暂时性冲击被放大，进而推动经济下行。然而，金融加速器理论侧重于从金融摩擦角度解释发生信贷紧缩的原因，而不是行为经济学强调的经济主体心理因素。即便上述两种分析框架下信贷规模的变化机理存在一定差异，但两种理论均肯定了信贷收缩对经济衰退的恶化作用要远远强于信贷扩张对经济繁荣的拉动作用这一非对称性效应。

就经济波动的持续性来看，银行情绪处于有限理性状态，情绪和信贷冲击引起的经济波动要比银行情绪理性状态下持续期更长。针对这一结论，已有研究也有论述。例如，阿森扎等（2017）的研究证明在负向冲击下信心的突然崩溃将一方面加速和放大经济危机，另一方面还会延缓经济复苏。

此外，图7－2中表内信贷对宏观经济影响的结果虽然符合上述结论，但仍然存在值得关注的特殊性。有限理性状态下，1～3期内信贷冲击引发经济的反向波动，长期引起经济的正向波动，这一过程反映出中国货币政策的信贷逆周期调控有效性。但在有限理性情绪状态下，表内信贷冲击短期引发宏观经济的同向波动，随后导致宏观经济波动方向迅速改变，这表明银行情绪有限理性状态下，切断了货币政策表内信贷调控渠道，加剧了信贷体系和宏观经济风险。本书认为出现这一结果的原因在于中国属于银行主导型金融体系国家，中国银行业受到了较为严格的宏观政策调控和审慎监管。因此，在理性状态下，银行部门对于相关调控措施较为敏感，一方面，中央银行对商业银行的宏观审慎监管十分有效；另一方面，应防范银行有限理性状态下对有关政策的过度反应，以确保货币政策执行效果。

第五节　本章小结

银行情绪受信心、认知偏误和羊群效应等心理因素影响，在乐观和悲观状态的循环中存在相对理性和有限理性特征，并在其作用下引发过度乐观或悲观的极端情绪状态。银行作为金融市场核心参与者，情绪能够引起信贷市场波动，传导和放大经济基本面冲击，在经济周期形成和演化过程中扮演了重要角色。以此为理论支撑，本章运用银行情绪指数和在此基础上计算的银行情绪指数"缺口"分别衡量银行情绪的不同状态和理性程度，将两个指标作为门限变量加入到 TVAR 模型中，利用广义脉冲响应函数考察了中国的银行情绪对于经济波动的作用效果和机制，丰富了行为经济学相关研究，同时也为中国宏观预期管理的政策导向和工具选择提供了经验支持。

　　本章得到的主要结论有：第一，银行情绪对经济波动的影响具有显著非对称性。与乐观情绪相比，悲观银行情绪抑制了实际冲击的作用，放大了表内外信贷对宏观经济的影响，并导致宏观经济不稳定性持续更长时间。与理性状态相比，在有限理性状态下，影子银行贷款冲击、实际冲击和银行情绪冲击所引起的经济波动更大，持续期更长。可见在不同维度上，银行情绪都不仅是宏观经济波动的重要驱动因素，同时也是宏观经济波动的"放大器"。第二，对比不同状态下表内外信贷冲击对宏观经济的影响，影子银行信贷的宏观经济波动传递效应更明显，对银行情绪状态变化更敏感，表明银行情绪在影子银行信贷体系中作用更为突出，影子银行信贷与经济波动的顺周期性是中国金融体系和宏观经济的重要风险来源。虽然表内信贷波动对宏观经济的逆周期调控机制仍然显著，但乐观和悲观情绪状态导致逆周期调控效果存在差异，有限理性状态下这种逆周期调控机制被打破，说明银行情绪对表内信贷与宏观经济间的政策调控渠道具有显著影响。

▶▶ 第八章

主要结论与建议

　　情绪对信贷周期和经济周期的突出影响不仅是学术研究热点，也是各国政府关注和监管的重点。中国银行主导型金融体系下信贷规模变动对总体经济的冲击远高于发达国家，因此银行情绪对宏观经济的冲击和作用机制更应加以关注。深入探究信贷和经济周期中银行情绪的影响，有利于中国有关部门科学引导市场情绪和丰富预期管理手段，在货币政策处于数量型向价格型转变的背景下提高宏观调控效率以弥补货币政策有效性，为预警和防范系统性金融风险，维护金融稳定和经济发展提供指导和借鉴。本书首先构建包含羊群效应的银行情绪、信贷供给与经济周期的波动传递机制，运用仿真模拟方法验证银行情绪引发信贷波动和经济不稳定的作用机制，为本书主要研究内容提供理论支撑；其次，以中国商业银行情绪为主要研究对象，运用人民银行对银行业的《银行家问卷调查报告》构建银行情绪指数；再次，在分析和梳理银行情绪影响因素有关研究的基础上，对中国银行体系情绪的影响因素进行验证；最后，运用中国信贷和经济产出实际数据对银行情绪经信贷供给渠道对经济周期的作用机制进行实证检验。因此，本章将从银行情绪影响经济周期的信贷供给传导理论机制、银行情绪指数的构建与分析、银行情绪影响因素探究、银行情绪与信贷周期关联性、银行情绪波动的信贷传递渠道检验以及异质银行情绪的经济波动非对称效应检验六部分对全书进行概括和总结，进而提出相应的政策建议和研究展望。

第一节　主要结论

　　本书的主要研究结论为：第一，一国经济体内银行情绪波动和信贷决策过程遵循羊群效应，会引起和放大信贷供给量的收缩与扩张，驱动经济周期波动，是经济不稳定的重要来源；经济政策不确定性的存在会导致上述波动传递机制被进一步放大。第二，本书构造的银行情绪指数具有明显区制转化特点，符合情绪乐观和悲观转化的本质特征，是较为适合反映中国银行部门情绪的代理指标。第三，经济景气情况、货币政策变化是银行情绪形成理性判断的基础信息来源，银行主观心理因素在经济政策不确定性作用下对上述信息进行加工，最终形成有限理性银行情绪。具体而言，经济景气水平能够对银行情绪产生正向影响。货币政策变动对银行情绪具有逆周期调节效应，但数量型货币政策效果地发挥存在较长滞后性，价格型货币政策对银行情绪的影响更加明显和迅速，而且银行情绪并不仅是货币政策变化的简单"传达器"，不同银行情绪状态会对货币政策传递渠道产生干扰。经济政策不确定性与银行情绪存在反向波动关系，而且银行情绪越悲观对经济政策不确定性状态越敏感。第四，银行情绪波动明显领先于表内外信贷供给波动，是其前瞻性指标。银行受到严格监管和逆周期调控，在表内业务范围内以履行监管下的信贷供给和流动性创造职能为主。而在表外业务中，银行情绪较为充分的转化为根据自身意愿和预期的信贷决策，从而引发监管外的信贷波动。此外，银行情绪变化会在短期影响银行信贷决策行为，同时银行情绪长期变化也受到表内信贷监管指标引导和约束。第五，银行情绪能够通过影子银行信贷供给渠道对宏观经济形成显著冲击效应，而银行情绪对表内信贷供给的影响并未显著通过该渠道传递给宏观经济，说明我国银行情绪在监管薄弱领域具有释放空间，因而其存在性和负面影响不容忽视。缺乏监管的信贷波动具有天然的顺周期性，在银行情绪的驱动下成为金融体系风险的重要来源。第六，银行情绪对经济波动的影响具有显著非对称性。与乐观情绪状态相比,悲观银行情绪抑制了实际冲击的影响,放大了表内外信贷供给对经济周期波动的影响,并导致经济不稳定性持续更长时间;与理性状态相比,在有限理性状态下,影子银行贷款冲击、实际冲击和银行情绪冲击所引起的经济周期波动更大,持续期更长。银行乐观和悲观情绪状态影响逆周期政策调控效果;有限理性状态下货币政策逆周期调控机制被彻底打破。

第二节　政策建议

针对银行情绪在信贷周期形成和冲击经济稳定中的影响,现有研究鲜有从银行主体行为和经济金融稳定角度入手探讨如何干预情绪波动。根据前面的理论分析与实证检验,银行情绪波动能够冲击经济金融稳定,因此为防范系统性金融风险,维护金融稳定和经济发展,应尽量减少信贷周期波动中的银行情绪作用,及时采取综合性调控和干预措施,控制和化解情绪经由信贷渠道对经济周期波动的负面影响。根据前面的研究结果,本书从加强货币政策调控和前瞻性引导、加强银行体系监管、规范银行从业人员行为以及进一步完善银行情绪数据采集工作四个维度提出有关政策建议。

一、加强货币政策调控和前瞻性引导

防范银行情绪波动风险,需要不断完善货币政策调控机制。要密切关注银行情绪变化,将其作为货币政策制定的参考指标,及时针对银行情绪变化进行灵活适度调节。一方面,要通过综合运用多种货币政策工具,根据银行情绪的变化进行靶向调控,把握好政策调控的力度、节奏和重点;另一方面,要继续深化利率市场化改革,不断完善 LPR 贷款利率定价机制,加速推行和运用 LPR 制度,畅通货币政策调控和传导渠道,提高货币政策调控时效性,主动防范和化解银行悲观情绪、信贷紧缩与经济下行的叠加共振风险。

防范银行情绪波动风险，需要加强对银行情绪的前瞻性指引。由于传统货币政策调控效果的发挥具有滞后性，因此应利用央行信息沟通渠道，通过加强预期管理，及时发挥货币政策前瞻性指引职能。全球金融危机后，发达经济体为应对经济复苏乏力，经济金融体系不确定性和脆弱性加剧的问题，普遍采取主动开放有效信息以及保持与市场沟通交流的预期管理措施，努力推动政策的公开性、透明性和可预测性。例如，各国央行定期提供对于经济前景的量化预测数据，通过前瞻性指导传达信息，指导市场预期，稳定市场情绪。与发达国家相比，我国央行将预期管理纳入货币政策调控框架时间较晚，信息沟通与传达的明确性和灵活性有待提高。在此背景下，加强对银行情绪的前瞻性指引，要提高信息发布效率，继续开展和完善有关信息公开和传达制度，定期公布货币政策执行报告和货币政策委员会决议，清晰明确地发表关于未来货币政策取向的相关声明，恰当准确地对市场预期予以指导。同时也要对银行部门进行针对性引导，完善与银行体系的沟通机制，加强对银行情绪的监管和指导，引导银行情绪合理转化，并配合多种政策和手段进行靶向管理，必要时通过窗口指导方式防范银行极端情绪出现和蔓延，努力化解对宏观经济的不稳定性冲击。尤其需要防范政策不确定性引发的银行情绪剧烈波动，当经济繁荣乃至出现过热趋势时，有关部门需要及时发布预警信息，防范银行情绪过度乐观，通过引导银行情绪实现控制经济过热的调控目标。当经济增长乏力呈现低迷态势时，有关部门需要多渠道明确传达未来政策走向，给予银行体系更多政策指导，增强银行体系信心，防范银行情绪过度悲观引发的银行信贷收缩，避免经济衰退和危机的形成。

二、加强银行体系监管

受羊群效应影响的银行体系内情绪相互传染，使银行经营决策呈现同质性特点，导致银行体系内系统性风险累积，会增加金融体系脆弱性和不稳定性。显然，信贷市场自身不具有预防和化解危机的能力。应该加强对银行体系的监管：第一，继续加强银行表内信贷监管和调控。鉴于银行情绪能够冲击表内信贷，削弱货币政策调控效果，故而要继续加强表内信贷监管，紧跟银行体系的发展变化，探索适度、灵活、有效的监管和调控措施，从政策制度角度出发压缩银行情绪的作用空间。第二，加强影子银行体系监管。影子银行作为银行情绪作用于信贷周期波动乃至经济波动的重要渠道，不仅增加了系统性金融风险，而且削弱了货币政策等宏观调控政策的有效性。考虑表内监管指标在长周期内的银行情绪约束效应，应对银行情绪和影子银行风险的重要手段在于继续深化银行体系改革，加快推进影子银行信贷纳入表内监管，建立健全表内外统一的风险拨备、最低流动性要求等银行经营监管制度要求，对不同金融创新类型的表外业务采取针对性监管措施，着力抑制银行情绪表外作用空间，削弱表外业务对银行情绪的传递效应，助力防范和化解银行体系重大风险。

三、规范银行从业人员行为

银行部门经济人过度自信、过度乐观等个人有偏信念是情绪波动的微观基础，个体层面抑制情绪波动可以以下几个方面着手：第一，提高银行部门经济人职业素养，一方面提高对信贷从业人员和银行管理者的专业素养要求，另一方面加强对信贷从业人员和银行管理者的事前教育、事中引导和监管以及事后整改督导，尽量减小经济人个体有限理性情绪在信贷创造中的影响。第二，针对难以通过教育和监管消除的经济人固有主观情绪，应该从政策和程序上减小其作用空间。第三，由于当金融决策需要更多的工作人员、信贷审查自动化程度降低且银行决策受资本约束相对较弱时，情绪的影响更加明显，因此应尽快建立健全基于科学测算和客观判断的自动审核决策程序，加快推进信贷决策中的审查自动化，提高客观理性决策水平，通过从决策程序上减少经济人参与度，降低经济人情绪在信贷创造过程中的影响；并且根据金融创新的新变化、新特征及时调整监管手段和调整措施，从制度上压缩情绪作用空间。

四、进一步完善银行家问卷调查制度，丰富银行情绪数据来源

基于现阶段宏观调控预期管理亟须加强，政策工具有待丰富的现实。央行应将银行情绪变化作为信贷和货币政策调控的监测目标与市场情绪的重要度量指标，服务于系统性金融风险监测预警体系构建和逆周期风险防控，提高宏观调控政策效率。为此，应进一步完善银行家问卷调查制度，丰富银行情绪数据来源。我国银行家问卷调查制度由中国人民银行于2004年建立，经历数次调整后，目前该项制度已逐渐完善，但仍然存在选项设置不尽科学、问卷内容有待优化、调查对象与方式有待完善的问题。

为此本书借鉴国外主要央行银行家问卷调查制度的先进经验，提出以下建议：首先，完善问卷调查指标，采用五点量表方法。目前我国对各指标主要采用三点量表方法，主要备选口径为偏紧（减少）、基本不变和偏松（增加）三类。采用五点量表方法有利于进一步提高调查精准度。尤其是针对情绪调查，五点量表可以更加清晰准确地划分出极端与温和情绪变化，为后续监测和调控极端情绪，防范其负面影响提供便利。其次，丰富和扩展有关银行信贷供给与贷款审批方面的调查内容。目前中国银行家问卷调查内容主要涵盖了银行家对于经济形势和货币政策感受方面的主观判断和预测。根据本书研究结论，银行家对信贷供给与贷款审批标准方面的预期更能直接反映其主观情绪，因而进一步丰富和扩展有关信贷供给、信贷标准以及不同类型贷款审批方面的问卷内容，不仅能丰富银行情绪数据来源，还可以更好地把握银行情绪变化和风险累积情况。最后，进一步科学调整样本银行构成。目前我国采取股份制银行全面调查，对农村信用社和农商行抽样调查的样本选取方式。对于调查样本的调整，短期而言，可以进一步根据银行资产规模、股权结构特征以及区位特征科学选取样本银行，推行抽样调查制度，有效减少调查工作量的同时，保证调查结果能更好地反映全国银行体系特征。长期来看，

应该进一步建立银行家线上调查系统，将样本银行尽量扩大，争取实现行业全覆盖，同时提高调查频率，优化调查内容，全面获取银行体系微观情绪与预期数据。同时充分利用大数据挖掘与分析技术，对调查结果进行分类、加权和汇总，更加精确地得到不同类型银行情绪数据，也可以在最大程度上解决当前调查中存在的简单逻辑汇总形成的调查数据部分失真问题。

第三节　研究展望

本书通过理论模型动态模拟和实证检验研究了银行情绪、信贷供给与经济周期波动间的作用机制，取得了一定成果，但受研究时间和数据等方面的限制，仍存在以下三点待解决问题：第一，本书基于中国人民银行发布的《银行家调查问卷报告》结果合成银行情绪指数，实现了对中国银行体系整体情绪波动的描述和刻画，并取得了与理论分析一致的研究结论。但事实上银行情绪的识别和测度方法仍有待丰富，经济金融形势复杂多变，源于主观心理变化的情绪波动难以捕捉，对情绪进行精确识别和度量是本书进一步深化研究的一个重要方向。第二，对于银行体系内部微观情绪形成、传染以及经过羊群效应的放大机制，本书仅通过动态模拟方法进行了论证，受限于微观贷款审批有关详细数据和资料的不可得性，很遗憾未能运用实际数据进行详细的论述和研究。第三，受制于样本数据的可得性，在反事实结构向量自回归模型和门限向量自回归模型估计时对银行情绪指数进行数据补齐，虽然研究结果与理论分析一致，可以保证结果稳健。但实际数据样本有限导致在门限向量自回归模型估计时无法进行 2009～2019 年样本区间的实证检验，因此未能对经济危机后异质性银行情绪对信贷体系和宏观经济的作用特征进行进一步分析与验证。

针对本书研究的不足与国内外研究的发展现状，银行情绪、信贷供给与经济周期波动的研究还具有较大深入空间，未来可以从以下三个方面进一步展开研究。

第一，进一步丰富银行情绪指数的测度方法，积极寻找和丰富情绪代理指标，探索银行情绪的标准化测度方法，一方面争取与国际衡量和监测指标对接，实现统计口径标准化；另一方面与行为金融和心理学研究结合，不断探索和丰富主观情绪测度方法。

第二，情绪与信贷周期和经济周期之间的内生关系较为复杂，情绪、金融稳定与经济稳定之间的平衡机制与实现路径仍有待挖掘。

第三，信贷周期中情绪的外溢效应研究有待开展，可以展开一国情绪波动从信贷市场向其他金融子市场的扩散效应和一国情绪冲击对他国经济波动的国际传递效应的相关研究。情绪通过信贷网络与其他金融子市场以及其他经济体密切相关，情绪波动具有显著的溢出效应，银行情绪溢出效应的方向、大小和对其他经济体的关联性有待继续探索，对其深入研究有利于全面剖析和掌握情绪的传递和作用机理，从根本上防范系统性风险的形成和国际传染。

参 考 文 献

[1] ［美］艾伦·格林斯潘：《动荡的世界：风险，人性与未来的前景》，余江译，中信出版社 2014 年版。

[2] ［美］查尔斯·P. 金德尔伯格、罗伯特·Z. 阿利伯：《疯狂、惊恐和崩溃：金融危机史》，朱隽、叶翔、李伟杰译，中国金融出版社 2017 年版。

[3] ［美］乔治·阿克洛夫、罗伯特·席勒：《动物精神》，黄志强、徐卫宇、金岚译，中信出版社 2016 年版。

[4] ［英］庇古：《工业波动论》，高耀琪译，商务印书馆 1999 年版。

[5] 陈昆亭、周炎、龚六堂：《信贷周期：中国经济 1991～2010》，载于《国际金融研究》2011 年第 12 期。

[6] 陈其安、雷小燕：《货币政策、投资者情绪与中国股票市场波动性：理论与实证》，载于《中国管理科学》2017 年第 11 期。

[7] 陈荣达、林博、何诚颖、金骋路：《互联网金融特征、投资者情绪与互联网理财产品回报》，载于《经济研究》2019 年第 7 期。

[8] 陈彦斌、唐诗磊：《信心、动物精神与中国宏观经济波动》，载于《金融研究》2009 年第 9 期。

[9] 邓创、徐曼：《中国的金融周期波动及其宏观经济效应的时变特征研究》，载于《数量经济技术经济研究》2014 年第 9 期。

[10] 段江娇、刘红忠、曾剑平：《中国股票网络论坛的信息含量分析》，载于《金融研究》2017 年第 10 期。

[11] 广东金融学院中国金融转型与发展研究中心银行改革组、陆磊：《中国国有银行改革的理论与实践问题》，载于《金融研究》2006 年

第 9 期。

[12] 郭娜、马莹莹、张宁：《我国影子银行对银行业系统性风险影响研究——基于内生化房地产商的 DSGE 模型分析》，载于《南方经济》2018 年第 8 期。

[13] 黄志刚：《经济波动、超额准备金率和内生货币——基于信贷市场资金搜寻和匹配视角》，载于《经济学（季刊）》2012 年第 3 期。

[14] 江曙霞、何建勇：《银行资本、银行信贷与宏观经济波动——基于 C-C 模型的影响机理分析的拓展研究》，载于《金融研究》2011 年第 5 期。

[15] 姜伟、闫小勇、胡燕京：《消费者情绪对通货膨胀影响的理论分析》，载于《经济研究》2011 年第 S1 期。

[16] 金鹏辉、张翔、高峰：《货币政策对银行风险承担的影响——基于银行业整体的研究》，载于《金融研究》2014 年第 2 期。

[17] 靳光辉、刘志远、花贵如：《政策不确定性、投资者情绪与企业投资——基于战略性新兴产业的实证研究》，载于《中央财经大学学报》2016 年第 5 期。

[18] 李波、单漫与：《国有银行治理结构与管理层激励——多项任务委托代理、经理人市场和优先股》，载于《金融研究》2009 年第 10 期。

[19] 李稻葵、汪进、冯俊新：《货币政策须对冲市场情绪：理论模型和政策模拟》，载于《金融研究》2009 年第 6 期。

[20] 李凤羽、杨墨竹：《经济政策不确定性会抑制企业投资吗？——基于中国经济政策不确定指数的实证研究》，载于《金融研究》2015 年第 4 期。

[21] 李建强、张淑翠、袁佳、魏磊：《影子银行、刚性兑付与宏观审慎政策》，载于《财贸经济》2019 年第 1 期。

[22] 李文喆：《中国影子银行的经济学分析：定义，构成和规模测算》，载于《金融研究》2019 年第 3 期。

[23] 林树、俞乔：《有限理性、动物精神及市场崩溃：对情绪波动与交易行为的实验研究》，载于《经济研究》2010 年第 8 期。

［24］刘冲、杜通、刘莉亚、李明辉：《资本计量方法改革、商业银行风险偏好与信贷配置》，载于《金融研究》2019 年第 7 期。

［25］刘汉、王永莲、陈德凯：《混频 Granger 因果关系检验的功效和稳健性分析》，载于《数量经济技术经济研究》2017 年第 10 期。

［26］刘树成：《"十三五"时期我国宏观经济波动态势分析》，载于《宏观经济研究》2015 年第 8 期。

［27］刘艳霞、祁怀锦：《管理者自信会影响投资效率吗——兼论融资融券制度的公司外部治理效应》，载于《会计研究》2019 年第 4 期。

［28］罗党论、佘国满：《地方官员变更与地方债发行》，载于《经济研究》2015 年第 6 期。

［29］马勇、冯心悦、田拓：《金融周期与经济周期——基于中国的实证研究》，载于《国际金融研究》2016 年第 10 期。

［30］潘长春、李晓：《M2 指标失效与货币政策转型——基于货币创造渠道结构分解的视角》，载于《经济学家》2018 年第 2 期。

［31］饶品贵、姜国华：《货币政策对银行信贷与商业信用互动关系影响研究》，载于《经济研究》2013 年第 1 期。

［32］沈悦、马续涛：《政策不确定性，银行异质性与信贷供给》，载于《西安交通大学学报（社会科学版）》2017 年第 3 期。

［33］宋全云、李晓、钱龙：《经济政策不确定性与企业贷款成本》，载于《金融研究》2019 年第 7 期。

［34］宋杨、魏章志：《我国市场信心的驱动因素研究——基于消费者信心与企业家信心的视角分析》，载于《价格理论与实践》2016 年第 8 期。

［35］孙国峰、贾君怡：《中国影子银行界定及其规模测算——基于信用货币创造的视角》，载于《中国社会科学》2015 年第 11 期。

［36］童中文、邹静、周绍东：《媒体效应对银行系统性风险的影响》，载于《统计与信息论坛》2016 年第 2 期。

［37］王美今、孙建军：《中国股市收益、收益波动与投资者情绪》，载于《经济研究》2004 年第 10 期。

［38］伍燕然、韩立岩：《不完全理性、投资者情绪与封闭式基金之谜》，载于《经济研究》2007 年第 3 期。

［39］肖欣荣：《金融投资理论：一种基于动物精神和宏观对冲的框架》，载于《南开经济研究》2010 年第 6 期。

［40］肖争艳、陈彦斌：《宏观经济预期的测度：基于行为经济学的调查方法研究》，载于《中国人民大学学报》2006 年第 3 期。

［41］徐瑞慧、黎宁：《银行乐观情绪，信息准确度及资产证券化》，中国人民银行工作论文，No. 2018/1，2018 年。

［42］杨晓兰、沈翰彬、祝宇：《本地偏好、投资者情绪与股票收益率：来自网络论坛的经验证据》，载于《金融研究》2016 年第 12 期。

［43］于震、丁尚宇、杨锐：《银行家有限理性预期与中国经济波动》，载于《南京师大学报（社会科学版）》2018 年第 3 期。

［44］于震、丁尚宇：《银行预期与中国经济周期波动》，载于《西安交通大学学报（社会科学版）》2019 年第 5 期。

［45］于震、张超磊、朱祚樟：《信贷周期与经济周期关联性研究：中日比较及其启示》，载于《世界经济研究》2014 年第 12 期。

［46］于震、张超磊：《日本宏观审慎监管的政策效果与启示——基于信贷周期调控的视角》，载于《国际金融研究》2015 年第 4 期。

［47］袁铭、温博慧：《基于 MFVAR 的混频数据非线性格兰杰因果关系检验》，载于《数量经济技术经济研究》2017 年第 5 期。

［48］张兵：《日本经济周期波动影响因素的交叉谱分析》，载于《现代日本经济》2012 年第 6 期。

［49］张成思、孙宇辰：《中国货币政策的信心传导机制》，载于《财贸经济》2018 年第 10 期。

［50］张前程、龚刚：《货币政策与企业风险承担：投资者情绪的中介效应》，载于《当代经济科学》2016 年第 3 期。

［51］张雪兰、何德旭：《货币政策立场与银行风险承担——基于中国银行业的实证研究（2000—2010）》，载于《经济研究》2012 年第 5 期。

［52］赵振全、于震、刘淼：《金融加速器效应在中国存在吗？》，载

于《经济研究》2007 年第 6 期。

[53] 中国人民银行:《2019 年一季度金融机构贷款投向统计报告》,中国人民银行网,2019 年 4 月 6 日。

[54] 中国人民银行:《关于加强宏观信贷政策指导推动金融更好服务实体经济的意见》,中国人民银行网,2018 年 4 月 18 日。

[55] 中国人民银行:《中国金融稳定报告(2018)》,中国人民银行网,2018 年 11 月 3 日。

[56] 周莉萍:《论影子银行体系国际监管的进展、不足、出路》,载于《国际金融研究》2012 年第 1 期。

[57] 朱伟骅、张宗新:《投资者情绪、市场波动与股市泡沫》,载于《经济理论与经济管理》2008 年第 2 期。

[58] 庄子罐、崔小勇、龚六堂、邹恒甫:《预期与经济波动——预期冲击是驱动中国经济波动的主要力量吗?》,载于《经济研究》2012 年第 6 期。

[59] 庄子罐、舒鹏、傅志明:《影子银行与中国经济波动——基于 DSGE 模型的比较分析》,载于《经济评论》2013 年第 5 期。

[60] 庄子罐、赵晓军、傅志明:《预期与中国经济波动》,载于《浙江社会科学》2014 年第 8 期。

[61] Alexander Kurov, Investor Sentiment and the Stock Market's Reaction to Monetary Policy. *Journal of Banking & Finance*, Vol. 34, No. 1, January 2010, pp. 139 – 149.

[62] Allen N. Berger, Omrane Guedhami, Hugh H. Kim and Xinming Li, Economic Policy Uncertainty and Bank Liquidity Creation. SSRN, No. 3030489, 2018.

[63] Alvaro Sandroni and Francesco Squintani, Overconfidence and Asymmetric Information: The Case of Insurance. *Journal of Economic Behavior & Organization*, Vol. 93, September 2013, pp. 149 – 165.

[64] Amos Tversky and Daniel Kahneman, Extensional Versus Intuitive Reasoning: The Conjunction Fallacy in Probability Judgment. *Psychological Re-*

view, Vol. 90, No. 4, October 1983, pp. 293 –315.

[65] Aneta Maria Kłopocka, Does Consumer Confidence Forecast House-hold Saving and Borrowing Behavior? Evidence for Poland. *Social Indicators Research*, Vol. 133, No. 2, September 2017, pp. 693 –717.

[66] Arvind Krishnamurthy and Tyler Muir, How Credit Cycles Across a Financial Crisis. NBER Working Paper, No. 23850, 2017.

[67] Augustin Landier and David Thesmar, Financial Contracting with Optimistic Entrepreneurs. *The Review of Financial Studies*, Vol. 22, No. 1, January 2008, pp. 117 –150.

[68] Bas van Aarle and Cindy Moons, Sentiment and Uncertainty Fluctuations and Their Effects on the Euro Area Business Cycle. *Journal of Business Cycle Research*, Vol. 13, No. 2, November 2017, pp. 225 –251.

[69] Ben Bernanke, Mark Gertler and Simon Gilchrist, The Financial Accelerator and the Flight to Quality. NBER Working Paper, No. 4789, 1994.

[70] Ben S. Bernanke, Stabilizing the Financial Markets and the Economy: A Speech at the Economic Club of New York, October 15, 2008. Speech 426, Board of Governors of the Federal Reserve System, 2008.

[71] Benjamin Wong, Do Inflation Expectations Propagate the Inflationary Impact of Real Oil Price Shocks?: Evidence from the Michigan Survey. *Journal of Money, Credit and Banking*, Vol. 47, No. 8, December 2015, pp. 1673 –1689.

[72] Bill B. Francis, Iftekhar Hasan and Yun Zhu, Political Uncertainty and Bank Loan Contracting. *Journal of Empirical Finance*, Vol. 29, December 2014, pp. 281 –286.

[73] Bjørn Eraker, Ching Wai Chiu, Andrew T. Foerster, Tae Bong Kim and Hernán D. Seoane, Bayesian Mixed Frequency Vars. *Journal of Financial Econometrics*, Vol. 13, No. 3, September 2014, pp. 698 –721.

[74] Bruce E. Hansen, Inference When a Nuisance Parameter is not Identified under the Null Hypothesis. *Econometrica*, Vol. 64, No. 2, March

1996, pp. 413 – 430.

［75］ Cara Lown and Donald P. Morgan, The Credit Cycle and the Business Cycle: New Findings Using the Loan Officer Opinion Survey. *Journal of Money*, *Credit and Banking*, Vol. 38, No. 6, 2006, pp. 1575 – 1597.

［76］ Carl Chiarella, Corrado Di Guilmi and Tianhao Zhi, Modelling the "Animal Spirits" of Bank's Lending Behaviour. Finance Discipline Group, UTS Business School, University of Technology Working Paper, No. 183, 2015.

［77］ Chandler Lutz, The Impact of Conventional and Unconventional Monetary Policy on Investor Sentiment. *Journal of Banking & Finance*, Vol. 61, December 2015, pp. 89 – 105.

［78］ Christopher A. Sims and Tao Zha, Does Monetary Policy Generate Recessions? . *Macroeconomic Dynamics*, Vol. 10, No. 2, April 2006, pp. 231 – 272.

［79］ Christopher A. Sims, Are Forecasting Models Usable for Policy Analysis?. *Quarterly Review*, Vol. 10, No. 1, December 1986, pp. 2 – 16.

［80］ Claudia Foroni, Eric Ghysels and Massimiliano Marcellino, Mixed-Frequency Vector Autoregressive Models. *Advances in Econometrics*, Vol. 32, December 2013, pp. 247 – 272.

［81］ Claudia M Buch, Manuel Buchholz and Lena Tonzer, Uncertainty, Bank Lending, and Bank-Level Heterogeneity. *IMF Economic Review*, Vol. 63, No. 4, November 2015, pp. 919 – 954.

［82］ Claudia M. Buch, Sandra Eickmeier and Esteban Prieto, Macroeconomic Factors and Microlevel Bank Behavior. *Journal of Money*, *Credit and Banking*, Vol. 46, No. 4, June 2014, pp. 715 – 751.

［83］ Claudio E. V. Borio and Ilhyock Shim, What Can (Macro-) Prudential Policy Do to Support Monetary Policy?. BIS Working Paper, No. 242, 2007.

［84］ Cosmin L. Ilut and Martin Schneider, Ambiguous Business Cycles. *American Economic Review*, Vol. 104, No. 8, August 2014, pp. 2368 – 2399.

［85］ Costas Azariadis, Self-Fulfilling Prophecies. *Journal of Economic Theory*, Vol. 25, No. 3, December 1981, pp. 380 – 396.

［86］ Daiki Asanuma, Lending Attitude as a Financial Accelerator in a Credit Network Economy. *Journal of Economic Interaction and Coordination*, Vol. 8, No. 2, October 2013, pp. 231 – 247.

［87］ Damiano Bruno Silipo, Giovanni Verga and Sviatlana Hlebik, Confidence and Overconfidence in Banking. Università della Calabria, DESF Working Paper, No. 201703, 2017.

［88］ Daniel Ellsberg, Risk, Ambiguity, and the Savage Axioms. *The Quarterly Journal of Economics*, Vol. 75, No. 4, November 1961, pp. 643 – 669.

［89］ David Dequech, Expectations and Confidence under Uncertainty. *Journal of Post Keynesian Economics*, Vol. 21, No. 3, March 1999, pp. 415 – 430.

［90］ David López-Salido, Jeremy C. Stein and Egon Zakrajšek, Credit-Market Sentiment and the Business Cycle. *The Quarterly Journal of Economics*, Vol. 132, No. 3, August 2017, pp. 1373 – 1426.

［91］ David Peon, Manel Antelo and Anxo Calvo, A Dynamic Behavioral Model of the Credit Boom. *Journal of Economic Issues*, Vol. 49, No. 4, December 2015, pp. 1077 – 1099.

［92］ Deokwoo Nam and Jian Wang, Mood Swings and Business Cycles: Evidence from Sign Restrictions. *Journal of Money, Credit and Banking*, Vol. 51, No. 6, September 2019, pp. 1623 – 1649.

［93］ Diego Garcia, Sentiment During Recessions. *The Journal of Finance*, Vol. 68, No. 3, June 2013, pp. 1267 – 1300.

［94］ Ding Du, US Credit-Market Sentiment and Global Business Cycles. *Economics Letters*, Vol. 157, August 2017, pp. 75 – 78.

［95］ Douglas W. Diamond and Raghuram G. Rajan, The Credit Crisis: Conjectures about Causes and Remedies. *American Economic Review*, Vol. 99,

No. 2, May 2009, pp. 606 – 610.

[96] Eric Ghysels, Jonathan B. Hill and Kaiji Motegi, Testing for Granger Causality with Mixed Frequency Data. *Journal of Econometrics*, Vol. 192, No. 1, May 2016, pp. 207 – 230.

[97] Esmeralda A. Ramalho, António Caleiro and Andreia Dionfsio, Explaining Consumer Confidence in Portugal. *Journal of Economic Psychology*, Vol. 32, No. 1, February 2011, pp. 25 – 32.

[98] Fabio Milani, Expectation Shocks and Learning as Drivers of the Business Cycle. *The Economic Journal*, Vol. 121, No. 552, May 2011, pp. 379 – 401.

[99] Fabio Milani, Sentiment and the Us Business Cycle. *Journal of Economic Dynamics and Control*, Vol. 82, September 2017, pp. 289 – 311.

[100] Finn E. Kydland and Carlos EJM Zarazaga, Fiscal Sentiment and the Weak Recovery from the Great Recession: A Quantitative Exploration. *Journal of Monetary Economics*, Vol. 79, May 2016, pp. 109 – 125.

[101] Gary B. Gorton and Ping He, Bank Credit Cycles. *The Review of Economic Studies*, Vol. 75, No. 4, October 2008, pp. 1181 – 1214.

[102] Gary Koop, M. Hashem Pesaran and Simon M. Potter, Impulse Response Analysis in Nonlinear Multivariate Models. *Journal of Econometrics*, Vol. 74, No. 1, September 1996, pp. 119 – 147.

[103] George-Marios Angeletos and Jennifer La'O, Dispersed Information Over the Business Cycle: Optimal Fiscal and Monetary Policy. Columbia University and MIT, Mimeo, October 23, 2008.

[104] George-Marios Angeletos and Jennifer La'O, Noisy Business Cycles. *NBER Macroeconomics Annual*, Vol. 24, No. 1, May 2009, pp. 319 – 378.

[105] George-Marios Angeletos and Jennifer La'O, Sentiments. *Econometrica*, Vol. 81, No. 2, March 2013, pp. 739 – 779.

[106] George-Marios Angeletos, Fabrice Collard and Harris Dellas, Quantifying Confi-dence. *Econometrica*, Vol. 86, No. 5, November 2018,

pp. 1689 – 1726.

[107] Giovanni Dell'Ariccia, Luc Laeven and Robert Marquez, Monetary Policy, Leverage, and Bank Risk-Taking. IMF Working Paper, No. 2010/276, 2010.

[108] Giovanni Ferri, Panu Kalmi and Eeva Kerola, Does Bank Owner-ship Affect Lending Behavior? Evidence from the Euro Area. *Journal of Banking & Finance*, Vol. 48, November 2014, pp. 194 – 209.

[109] Guido Lorenzoni, A Theory of Demand Shocks. *American Economic Review*, Vol. 99, No. 5, December 2009, pp. 2050 – 2084.

[110] Guy Kaplanski and Haim Levy, Sentiment and Stock Prices: The Case of Aviation Disasters. *Journal of Financial Economics*, Vol. 95, No. 2, February 2010, pp. 174 – 201.

[111] Haichao Fan, Xiang Gao, Juanyi Xu and Zhiwei Xu, News Shock, Firm Dynamics and Business Cycles: Evidence and Theory. *Journal of Economic Dynamics and Control*, Vol. 73, December 2016, pp. 159 – 180.

[112] Herbert Alexander Simon, *Models of Bounded Rationality: Empiri-cally Grounded Economic Reason.* Cambridge: MIT Press, 1997.

[113] Hillel J. Einhorn and Robin M. Hogarth, Decision Making under Ambiguity. *Journal of Business*, Vol. 59, No. 4, October 1986, pp. S225 – S250.

[114] Hirofumi Uchida and Ryuichi Nakagawa, Herd Behavior in the Japanese Loan Market: Evidence from Bank Panel Data. *Journal of Financial Intermediation*, Vol. 16, No. 4, October 2007, pp. 555 – 583.

[115] Ing-Haw Cheng, Sahil Raina and Wei Xiong, Wall Street and the Housing Bubble. *American Economic Review*, Vol. 104, No. 9, September 2014, pp. 2797 – 2829.

[116] James B. Heaton, Managerial Optimism and Corporate Finance. *Financial Management*, Vol. 31, No. 2, Summer 2002, pp. 33 – 45.

[117] James D. Hamilton, A New Approach to the Economic Analysis of

Nonstationary Time Series and the Business Cycle. *Econometrica*, Vol. 57, No. 2, March 1989, pp. 357 – 384.

[118] Jason Fink, Kristin E. Fink, Gustavo Grullon and James P. Weston, What Drove the Increase in Idiosyncratic Volatility During the Internet Boom?. *Journal of Financial and Quantitative Analysis*, Vol. 45, No. 5, October 2010, pp. 1253 – 1278.

[119] Jean-Marie Dufour, Denis Pelletier and Éric Renault, Short Run and Long Run Causality in Time Series: Inference. *Journal of Econometrics*, Vol. 132, No. 2, June 2006, pp. 337 – 362.

[120] Jess Benhabib, Pengfei Wang and Yi Wen, Sentiments and Aggregate Demand Fluctuations. *Econometrica*, Vol. 83, No. 2, March 2015, pp. 549 – 585.

[121] Jess Benhabib, Xuewen Liu and Pengfei Wang, Sentiments, Financial Markets, and Macroeconomic Fluctuations. *Journal of Financial Economics*, Vol. 120, No. 2, May 2016, pp. 420 – 443.

[122] John F. Muth, Rational Expectations and the Theory of Price Movements. *Econometrica*, Vol. 29, No. 3, July 1961, pp. 315 – 335.

[123] John Maynard Keynes, The General Theory of Employment. *The Quarterly Journal of Economics*, Vol. 51, No. 2, February 1937, pp. 209 – 223.

[124] Jonathan Brogaard and Andrew Detzel, The Asset-Pricing Implications of Government Economic Policy Uncertainty. *Management Science*, Vol. 61, No. 1, January 2015, pp. 3 – 18.

[125] Joseph Bafumi, Animal Spirits: The Effect of Economic Expectations on Economic Output. *Applied Economics*, Vol. 43, No. 25, October 2011, pp. 3573 – 3589.

[126] Kent Daniel, David Hirshleifer and Avanidhar Subrahmanyam, Investor Psychology and Security Market under-and Overreactions. *The Journal of Finance*, Vol. 53, No. 6, December 1998, pp. 1839 – 1885.

[127] Kristle Cortés, Ran Duchin and Denis Sosyura, Clouded Judgment: The Role of Sentiment in Credit Origination. *Journal of Financial Economics*, Vol. 121, No. 2, August 2016, pp. 392 – 413.

[128] Laura Xiaolei Liu, Haibing Shu and K. C. John Wei, The Impacts of Political Uncertainty on Asset Prices: Evidence from the Bo Scandal in China. *Journal of Financial Economics*, Vol. 125, No. 2, August 2017, pp. 286 – 310.

[129] Lutz Kilian and Logan T. Lewis, Does the Fed Respond to Oil Price Shocks?. *The Economic Journal*, Vol. 121, No. 555, September 2011, pp. 1047 – 1072.

[130] Malcolm Baker and Jeffrey Wurgler, Investor Sentiment and the Cross-Section of Stock Returns. *The Journal of Finance*, Vol. 61, No. 4, August 2006, pp. 1645 – 1680.

[131] Malcolm Baker and Jeffrey Wurgler, Investor Sentiment in the Stock Market. *Journal of Economic Perspectives*, Vol. 21, No. 2, Spring 2007, pp. 129 – 152.

[132] Malcolm Baker, Jeffrey Wurgler and Yu Yuan, Global, Local, and Contagious Investor Sentiment. *Journal of Financial Economics*, Vol. 104, No. 2, May 2012, pp. 272 – 287.

[133] Manthos D. Delis and Georgios P. Kouretas, Interest Rates and Bank Risk-Taking. *Journal of Banking & Finance*, Vol. 35, No. 4, April 2011, pp. 840 – 855.

[134] Marcelle Chauvet and Jang-Ting Guo, Sunspots, Animal Spirits, and Economic Fluctuations. *Macroeconomic Dynamics*, Vol. 7, No. 1, February 2003, pp. 140 – 169.

[135] Marcelle Chauvet and Jangting Guo, An empirical analysis of sunspots and the business cycles. In Joanilio R. Teixeira and Francisco G. Carneiro (eds.), *Proceedings of the II International Colloquium in Economic Dynamics and Economic Policy*. Brasilia: Catholic University of Brasilia, 1999, pp. 193 –

214.

［136］ Marcelo Perlin, Ms_Regress-the Matlab Package for Markov Regime Switching Models. SSRN, No. 1714016, 2015.

［137］ Mario Forni, Luca Gambetti and Luca Sala, No News in Business Cycles. *The Economic Journal*, Vol. 124, No. 581, December 2014, pp. 1168 – 1191.

［138］ Mark Gertler and Nobuhiro Kiyotaki, Financial Intermediation and Credit Policy in Business Cycle Analysis. In Benjamin M. Friedman and Michael Woodford (eds.), *Handbook of Monetary Economics: Volume3* . Amsterdam: North-Holland, 2010, pp. 547 – 599.

［139］ Mark Gertler and Peter Karadi, A Model of Unconventional Monetary Policy. *Journal of Monetary Economics*, Vol. 58, No. 1, January 2011, pp. 17 – 34.

［140］ Mark Mink, Jan PAM Jacobs and Jakob de Haan, Measuring Synchronicity and Co-Movement of Business Cycles with an Application to the Euro Area. CESifo Working Paper, No. 2112, 2007.

［141］ Markus K. Brunnermeier, Deciphering the Liquidity and Credit Crunch 2007 – 2008. *Journal of Economic Perspectives*, Vol. 23, No. 1, Winter 2009, pp. 77 – 100.

［142］ Martha A. Starr, Consumption, Sentiment, and Economic News. *Economic Inquiry*, Vol. 50, No. 4, October 2012, pp. 1097 – 1111.

［143］ Mathew L. A. Hayward and Donald C. Hambrick, Explaining the Premiums Paid for Large Acquisitions: Evidence of CEO Hubris. *Administrative Science Quarterly*, Vol. 42, No. 1, March 1997, pp. 103 – 127.

［144］ Matteo Ciccarelli, Angela Maddaloni and José-Luis Peydró, Heterogeneous Transmission Mechanism: Monetary Policy and Financial Fragility in the Eurozone. *Economic Policy*, Vol. 28, No. 75, July 2013, pp. 459 – 512.

［145］ Matteo Ciccarelli, Angela Maddaloni and José-Luis Peydró, Trusting the Bankers: A New Look at the Credit Channel of Monetary Policy. *Review of Economic Dynamics*, Vol. 18, No. 4, October 2015, pp. 979 – 1002.

[146] Matteo Iacoviello, Financial Business Cycles. *Review of Economic Dynamics*, Vol. 18, No. 1, January 2015, pp. 140 – 163.

[147] Matthew Baron and Wei Xiong, Credit Expansion and Neglected Crash Risk. *The Quarterly Journal of Economics*, Vol. 132, No. 2, May 2017, pp. 713 – 764.

[148] Matthieu Charpe, Peter Flaschel, Florian Hartmann and Roberto Veneziani, Towards Keynesian DSGD Modelling: Real-Financial Market Inter-actions with Heterogeneous Expectations Dynamics. IMK Working Paper, No. 93, 2012.

[149] Maya Waisman, Pengfei Ye and Yun Zhu, The Effect of Political Uncertainty on the Cost of Corporate Debt. *Journal of Financial Stability*, Vol. 16, February 2015, pp. 106 – 117.

[150] Michael D. Bordo, John V. Duca and Christoffer Koch, Economic Policy Uncertainty and the Credit Channel: Aggregate and Bank Level Us Evi-dence over Several Decades. *Journal of Financial Stability*, Vol. 26, October 2016, pp. 90 – 106.

[151] Moritz Schularick and Alan M. Taylor, Credit Booms Gone Bust: Monetary Policy, Leverage Cycles, and Financial Crises, 1870 – 2008. *American Economic Review*, Vol. 102, No. 2, April 2012, pp. 1029 – 1061.

[152] Mustafa Caglayan and Bing Xu, Sentiment Volatility and Bank Lending Behavior. *International Review of Financial Analysis*, Vol. 45, May 2016, pp. 107 – 120.

[153] Nir Jaimovich and Sergio Rebelo, Can News About the Future Drive the Business Cycle? *American Economic Review*, Vol. 99, No. 4, Septem-ber 2009, pp. 1097 – 1118.

[154] Nobuhiro Kiyotaki and John Moore, Credit Cycles. *Journal of Polit-ical Economy*, Vol. 105, No. 2, April 1997, pp. 211 – 248.

[155] Olivier J. Blanchard, Output, the Stock Market, and Interest

Rates. *The American Economic Review*, Vol. 71, No. 1, March 1981, pp. 132 – 143.

[156] Orlando Gomes and J. C. Sprott, Sentiment-Driven Limit Cycles and Chaos. *Journal of Evolutionary Economics*, Vol. 27, No. 4, September 2017, pp. 729 – 760.

[157] Patrick Bolton, Tano Santos and José Scheinkman. Savings Gluts and Financial Fragility. SSRN, No. 2743700, 2018.

[158] Patrick Fève and Alain Guay, Sentiments in Svars. *The Economic Journal*, Vol. 129, No. 618, February 2019, pp. 877 – 896.

[159] Paul Beaudry and Bernd Lucke, Letting Different Views About Business Cycles Compete. *NBER Macroeconomics Annual*, Vol. 24, No. 1, May 2010, pp. 413 – 456.

[160] Paul Beaudry and Franck Portier, An Exploration into Pigou's Theory of Cycles. *Journal of Monetary Economics*, Vol. 51, No. 6, September 2004, pp. 1183 – 1216.

[161] Paul Beaudry and Franck Portier, When Can Changes in Expectations Cause Business Cycle Fluctuations in Neo-Classical Settings?. *Journal of Economic Theory*, Vol. 135, No. 1, July 2007, pp. 458 – 477.

[162] Paul Beaudry, Deokwoo Nam and Jian Wang, Do Mood Swings Drive Business Cycles and is it Rational?. NBER Working Paper, No. 17651, 2011.

[163] Paul De Grauwe and Corrado Macchiarelli, Animal Spirits and Credit Cycles. *Journal of Economic Dynamics and Control*, Vol. 59, October 2015, pp. 95 – 117.

[164] Paul Hribar, Samuel J. Melessa, R. Christopher Small and Jaron H Wilde, Does Managerial Sentiment Affect Accrual Estimates? Evidence from the Banking Industry. *Journal of Accounting and Economics*, Vol. 63, No. 1, February 2017, pp. 26 – 50.

[165] Pedro Bordalo, Nicola Gennaioli and Andrei Shleifer, Diagnostic

Expectations and Credit Cycles. *The Journal of Finance*, Vol. 73, No. 1, February 2018, pp. 199 – 227.

[166] Po-Hsin Ho, Chia-Wei Huang, Chih-Yung Lin and Ju-Fang Yen, CEO Overconfidence and Financial Crisis: Evidence from Bank Lending and Leverage. *Journal of Financial Economics*, Vol. 120, No. 1, April 2016, pp. 194 – 209.

[167] Reiner Franke, Microfounded Animal Spirits in the New Macroeconomic Consensus. *Studies in Nonlinear Dynamics & Econometrics*, Vol. 16, No. 4, October 2012.

[168] Ricardo Nunes, Inflation Dynamics: The Role of Expectations. *Journal of Money, Credit and Banking*, Vol. 42, No. 6, September 2010, pp. 1161 – 1172.

[169] Robert B. Barsky and Eric R. Sims, News Shocks and Business Cycles. *Journal of Monetary Economics*, Vol. 58, No. 3, April 2011, pp. 273 – 289.

[170] Robin Greenwood, Samuel G. Hanson and Lawrence J. Jin, Reflexivity in Credit Markets. NBER Working Paper, No. 25747, 2019.

[171] Roger E. A. Farmer and Jang-Ting Guo, Real Business Cycles and the Animal Spirits Hypothesis. *Journal of Economic Theory*, Vol. 63, No. 1, June 1994, pp. 42 – 72.

[172] Ron Bird and Danny Yeung, How Do Investors React under Uncertainty? . *Pacific-Basin Finance Journal*, Vol. 20, No. 2, April 2012, pp. 310 – 327.

[173] Rüdiger Bachmann and Eric R. Sims, Confidence and the Transmission of Government Spending Shocks. *Journal of Monetary Economics*, Vol. 59, No. 3, April 2012, pp. 235 – 249.

[174] Rüdiger Bachmann and Steffen Elstner, Firm Optimism and Pessimism. *European Economic Review*, Vol. 79, October 2015, pp. 297 – 325.

[175] Ruey S. Tsay, Testing and Modeling Multivariate Threshold Mod-

els. *Journal of the American Statistical Association*, Vol. 93, No. 443, February 1998, pp. 1188 – 1202.

［176］Ryuichi Nakagawa and Hirofumi Uchida, Herd Behaviour by Japanese Banks after Financial Deregulation. *Economica*, Vol. 78, No. 312, October 2011, pp. 618 – 636.

［177］R. David McLean and Mengxin Zhao, The Business Cycle, Investor Sentiment, and Costly External Finance. *The Journal of Finance*, Vol. 69, No. 3, June 2014, pp. 1377 – 1409.

［178］Scott R. Baker, Nicholas Bloom and Steven J. Davis, Measuring Economic Policy Uncertainty. *The Quarterly Journal of Economics*, Vol. 131, No. 4, November 2016, pp. 1593 – 1636.

［179］Sharon G. Harrison and Mark Weder, Did Sunspot Forces Cause the Great Depression?. *Journal of Monetary Economics*, Vol. 53, No. 7, October 2006, pp. 1327 – 1339.

［180］Sheila C. Dow, Cognition, Market Sentiment and Financial Instability. *Cambridge Journal of Economics*, Vol. 35, No. 2, March 2011, pp. 233 – 249.

［181］Shuchun Huang, Weida Chen and Yehning Chen, Bank Liquidity Creation and CEO Optimism. *Journal of Financial Intermediation*, Vol. 36, October 2018, pp. 101 – 117.

［182］Simon Gervais, James B. Heaton and Terrance Odean, Overconfidence, Compensation Contracts, and Capital Budgeting. *The Journal of Finance*, Vol. 66, No. 5, October 2011, pp. 1735 – 1777.

［183］Stefan Gissler, Jeremy Oldfather and Doriana Ruffino, Lending on Hold: Regulatory Uncertainty and Bank Lending Standards. *Journal of Monetary Economics*, Vol. 81, August 2016, pp. 89 – 101.

［184］Stefano Eusepi and Bruce Preston, Expectations, Learning, and Business Cycle Fluctuations. *American Economic Review*, Vol. 101, No. 6, October 2011, pp. 2844 – 2872.

[185] Sumit Agarwal, Ran Duchin and Denis Sosyura, In the Mood for a Loan: The Causal Effect of Sentiment on Credit Origination. SSRN, No. 2141030, 2012.

[186] Thomas Lux, Herd Behaviour, Bubbles and Crashes. *The Economic Journal*, Vol. 105, No. 431, July 1995, pp. 881 – 896.

[187] Tiziana Assenza, William A. Brock and Cars H. Hommes, Animal Spirits, Heterogeneous Expectations, and the Amplification and Duration of Crises. Economic *Inquiry*, Vol. 55, No. 1, January 2017, pp. 542 – 564.

[188] Tobias F. Rötheli, Boundedly Rational Banks' Contribution to the Credit Cycle. *The Journal of Socio-Economics*, Vol. 41, No. 5, October 2012, pp. 730 – 737.

[189] Tobias F. Rötheli, Competition, Herd Behavior, and Credit Cycles: Evidence from Major Swiss Banks. *Journal of Economics and Business*, Vol. 53, No. 6, November-December 2001, pp. 585 – 592.

[190] Ulrike Malmendier and Geoffrey Tate, Does Overconfidence Affect Corporate Investment? CEO Overconfidence Measures Revisited. *European Financial Management*, Vol. 11, No. 5, November 2005, pp. 649 – 659.

[191] Ulrike Malmendier, Behavioral Corporate Finance. In B. Douglas Bernheim, Stefano DellaVigna and David Laibson (eds.), *Handbook of Behavioral Economics: Applications and Foundations1* . Amsterdam: North-Holland, 2018, pp. 277 – 379.

[192] Ulrike Malmendier, Geoffrey Tate and Jonathan Yan, *Managerial Beliefs and Corporate Financial Policies*. New York: NBER, 2010.

[193] Vaquero Lafuente Esther, García Petit Juan José and Rua Vieites Antonio, How Information Technologies Shape Investor Sentiment: A Web-Based Investor Sentiment Index. *Borsa Istanbul Review*, Vol. 19, No. 2, June 2019, pp. 95 – 105.

[194] Vítor Castro, Macroeconomic Determinants of the Credit Risk in the Banking System: The Case of the Gipsi. *Economic Modelling*, Vol. 31,

March 2013, pp. 672 – 683.

［195］ William F. Bassett, Mary Beth Chosak, John C. Driscoll and Egon Zakrajšek, Changes in Bank Lending Standards and the Macroeconomy. *Journal of Monetary Economics*, Vol. 62, March 2014, pp. 23 – 40.

［196］ Wolfgang Weidlich and Günter Haag, *Concepts and Models of a Quantitative Sociology: The Dynamics of Interacting Populations*. Berlin: Springer Science & Business Media, 2012.

［197］ Wouter J. den Haan, The Comovement between Output and Prices. *Journal of Monetary Economics*, Vol. 46, No. 1, August 2000, pp. 3 – 30.

［198］ Yueran Ma, Bank CEO Optimism and the Financial Crisis. SSRN, No. 2392683, 2015.

图书在版编目（CIP）数据

银行情绪驱动下的信贷与经济周期／丁尚宇著．--
北京：经济科学出版社，2023.3
ISBN 978 - 7 -5218 - 4665 - 2

Ⅰ.①银…　Ⅱ.①丁…　Ⅲ.①银行 - 信贷管理 - 研究
- 中国　Ⅳ.①F832.4

中国国家版本馆 CIP 数据核字（2023）第 058990 号

责任编辑：初少磊　杨　梅
责任校对：孙　晨
责任印制：范　艳

银行情绪驱动下的信贷与经济周期
丁尚宇　著
经济科学出版社出版、发行　新华书店经销
社址：北京市海淀区阜成路甲 28 号　邮编：100142
总编部电话：010 - 88191217　发行部电话：010 - 88191522
网址：www. esp. com. cn
电子邮箱：esp@ esp. com. cn
天猫网店：经济科学出版社旗舰店
网址：http://jjkxcbs. tmall. com
北京季蜂印刷有限公司印装
710 × 1000　16 开　11.25 印张　160000 字
2023 年 8 月第 1 版　2023 年 8 月第 1 次印刷
ISBN 978 - 7 - 5218 - 4665 - 2　定价：50.00 元
（图书出现印装问题，本社负责调换。电话：010 - 88191545）
（版权所有　侵权必究　打击盗版　举报热线：010 - 88191661
QQ: 2242791300　营销中心电话：010 - 88191537
电子邮箱：dbts@ esp. com. cn）